GW01158152

Abir KHALDI

DevOps per principianti

Corsi pratici e workshop

ScienciaScripts

This book is a translation from the original published under ISBN 978-3-8416-3786-4.

Publisher:
Sciencia Scripts
is a trademark of
Dodo Books Indian Ocean Ltd. and OmniScriptum S.R.L publishing group

120 High Road, East Finchley, London, N2 9ED, United Kingdom
Str. Armeneasca 28/1, office 1, Chisinau MD-2012, Republic of Moldova, Europe

ISBN: 978-620-8-21256-8

Contenuti

Introduzione

DevOps, abbreviazione di "development" e "operations", è diventato un termine onnipresente, spesso citato, ma talvolta frainteso. Mentre molti ne parlano, pochi ne comprendono davvero la profondità. In realtà, DevOps si basa sui principi Lean e Agile, ponendo l'accento sulla collaborazione tra business, sviluppo, operazioni e team di garanzia della qualità. L'obiettivo centrale è quello di consentire la consegna continua del software, in modo da rispondere più rapidamente alle opportunità del mercato e integrare meglio il feedback degli utenti.

I sistemi informativi aziendali stanno diventando sempre più complessi, integrando un'ampia gamma di tecnologie, database e ambienti utente. Questa crescente complessità può essere gestita efficacemente solo attraverso un approccio DevOps. Tuttavia, la definizione e l'interpretazione di DevOps variano da un punto di vista all'altro. Alcuni lo considerano una metodologia riservata agli esperti tecnici, mentre altri associano questo approccio principalmente all'adozione del cloud.

Altri ancora ritengono che DevOps vada ben oltre i servizi tecnici e si sia affermato come un vero e proprio approccio aziendale. Si tratta di un metodo di consegna del software che si fa carico di ogni funzione, dalla progettazione iniziale al rilascio, fornendo al contempo un valore tangibile agli utenti finali. Per avere successo, questo approccio richiede la partecipazione attiva di tutte le parti interessate: non solo i team di sviluppo e operativi, ma anche gli utenti, i responsabili delle linee di business, i partner e i fornitori. Una vera cultura DevOps abbraccia l'intera organizzazione, superando i confini tradizionali dei dipartimenti tecnici.

Informazioni su questo libro

Questo libro è stato progettato per fornire una visione approfondita di DevOps, coprendo i suoi concetti chiave e le tecnologie che lo supportano. Combina spiegazioni chiare e laboratori pratici per rafforzare le competenze teoriche e tecniche. Scoprirete i passi e gli strumenti essenziali per implementare un approccio DevOps efficace, adattato alle esigenze del mercato odierno. Grazie alle esercitazioni pratiche, avrete l'opportunità di mettere in pratica le vostre conoscenze e di padroneggiare i metodi essenziali in questo mondo in continua evoluzione.

A chi è rivolto questo libro

Questo libro si rivolge a principianti, professionisti che desiderano migliorare le proprie competenze e studenti di informatica. Che siate agli inizi della vostra carriera, stiate cambiando lavoro o abbiate già una certa esperienza, questo libro vi guiderà passo dopo passo, con esempi concreti e laboratori pratici, per aiutarvi a padroneggiare i principi e gli strumenti di DevOps. È pensato per chi vuole evolversi in un ambiente in costante cambiamento e migliorare la propria capacità di rispondere rapidamente alle esigenze del mercato.

Organizzazione del lavoro

Questo libro è strutturato in modo da fornire una comprensione progressiva e completa di DevOps, alternando teoria e pratica.

Chapitre 1   *Principi del movimento DevOps*

Questo primo capitolo introduce i principi fondamentali di DevOps, esplorandone le origini, gli obiettivi e l'impatto sulle pratiche di sviluppo e operative. Scoprirete come questo metodo faciliti la collaborazione efficace tra i team per la consegna continua del software.

Chapitre 2   *Gestione delle fonti*

Il secondo capitolo si concentra sulla gestione delle versioni e dei sorgenti, un aspetto cruciale per garantire la coerenza e la tracciabilità degli sviluppi. Vengono discusse le migliori pratiche e gli strumenti associati, fornendo esercizi pratici per l'applicazione di questi concetti.

Chapitre 3   Strumenti di costruzione

In questo capitolo esamineremo gli strumenti di compilazione che sono essenziali per automatizzare la compilazione e la distribuzione delle applicazioni. Imparerete a configurare e utilizzare questi strumenti per ottimizzare i vostri processi di compilazione, con workshop pratici per rafforzare la vostra comprensione.

Chapitre 4   Contenitori con Docker

Il quarto capitolo è dedicato ai container, con particolare attenzione a Docker. Scoprirete come Docker semplifica la gestione degli ambienti di distribuzione e come integrarlo nei vostri flussi di lavoro DevOps. Esempi pratici vi aiuteranno a padroneggiare l'uso dei container.

Chapitre 5   : Jenkins

Infine, il quinto capitolo tratta di Jenkins, uno strumento clb per l'integrazione continua e il deployment continuo. Imparerete a configurare e utilizzare Jenkins per automatizzare le vostre pipeline di distribuzione, con esercizi pratici per mettere in pratica le vostre nuove competenze.

Ogni capitolo combina spiegazioni teoriche e laboratori pratici, consentendo di sviluppare competenze concrete e consolidare al contempo le conoscenze teoriche. Questa alternanza tra teoria e pratica è pensata per prepararvi efficacemente ad applicare i concetti di DevOps in ambienti reali.

Principi del movimento DevOps

Introduzione

Nel 2024, DevOps continua a ridefinire il panorama tecnologico, con cifre impressionanti che ne attestano l'impatto e la crescente adozione. Secondo lo "State of DevOps Report 2024" di Puppet, le organizzazioni che adottano DevOps registrano un miglioramento significativo delle loro prestazioni. In particolare, queste aziende mostrano una frequenza di dëploiement 46 volte superiore e un tasso di successo di dëploiement 2,6 volte superiore rispetto alle aziende che non lo adottano. Inoltre, queste organizzazioni riducono i tempi del ciclo di consegna del 50%, consentendo loro di reagire più rapidamente alle esigenze del mercato.

Il rapporto "Global DevOps Market Report 2024" di MarketsandMarkets indica che il mercato DevOps ha un valore di circa 20 miliardi di dollari nel 2024, con previsioni di crescita del 22% all'anno fino al 2028. Questa rapida crescita è in gran parte dovuta all'aumento della domanda di soluzioni che consentono la consegna continua del software e una migliore collaborazione tra i team di sviluppo e operativi.

In termini di strumenti, Docker è ora utilizzato dal 70% delle aziende Fortune 500 per gestire i container, rendendo le applicazioni più portatili e scalabili. **Jenkins**, uno degli strumenti di integrazione continua più diffusi, è utilizzato dal 55% delle grandi aziende per automatizzare le pipeline di distribuzione, contribuendo a ridurre gli errori e ad accelerare i cicli di sviluppo.

I dati attuali dimostrano chiaramente che le pratiche DevOps non sono più un'opzione, ma una necessità per le aziende che cercano di mantenere un vantaggio competitivo in un mercato tecnologico in costante evoluzione. La crescente adozione di queste pratiche e strumenti testimonia il loro valore nell'ottimizzazione dei processi di sviluppo e distribuzione del software.

Il metodo DevOps

Il termine DevOps è stato usato per la prima volta da Patrick Debois e Andrew Shafer durante la loro conferenza "Agile Infrastructure" alla Agile Toronto Conference del 2008.

DevOps è un movimento e un approccio che favorisce la stretta collaborazione tra i team di sviluppo (Dev) e operativi (Ops) per tutte le soluzioni informatiche. L'obiettivo è quello di migliorare la qualità del lavoro e la relazione tra questi due team, ognuno con una propria visione per raggiungere la soddisfazione del cliente. Queste pratiche consentono di sviluppare, testare e consegnare le applicazioni più rapidamente e con maggiore affidabilità.

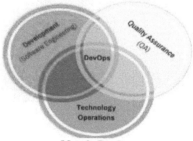

- Metodo DevOps -

Rapporto tra Dev e Ops

La collaborazione tra i team di sviluppo (Dev) e operativi (Ops) è essenziale per il successo in un ambiente DevOps.

I team Dev, composti da sviluppatori di software, si concentrano sulla creazione e sul miglioramento delle applicazioni. Sono responsabili della scrittura del codice, dello sviluppo di nuove funzionalità e della risoluzione dei bug.

Allo stesso tempo, i team Ops, responsabili della messa in produzione dei prodotti, assicurano la distribuzione, la gestione e la manutenzione delle applicazioni in produzione. Il loro ruolo comprende la gestione delle infrastrutture, il monitoraggio dei sistemi e la garanzia della disponibilità e delle prestazioni delle applicazioni.

Adottando un approccio DevOps, questi due team lavorano insieme in modo più integrato, condividendo obiettivi e responsabilità comuni per tutto il ciclo di vita dell'applicazione. Questa sinergia non solo accelera i cicli di sviluppo e di implementazione, ma migliora anche la stabilità e la qualità del prodotto, rispondendo più efficacemente alle esigenze degli utenti finali.

- Rapporto tra Dev e Ops

L'antagonismo tra i team di sviluppo (Dev) e operativi (Ops) è spesso segnato da obiettivi talvolta divergenti.

I team di sviluppo mirano ad apportare modifiche al minor costo possibile e nel minor tempo possibile, cercando di introdurre rapidamente nuove funzionalità e di risolvere i problemi in modo agile.

I team operativi, invece, si concentrano sulla stabilità del sistema e sulla qualità delle operazioni, garantendo che le applicazioni distribuite siano affidabili, performanti e continuamente disponibili. Questa tensione tra la rapidità di distribuzione e la necessità di mantenere alta la qualità e la stabilità può creare attriti. Tuttavia, l'approccio DevOps cerca di mitigare questi conflitti incoraggiando una più stretta collaborazione tra i due team, allineando i loro obiettivi per bilanciare la velocità dell'innovazione e la stabilità operativa.

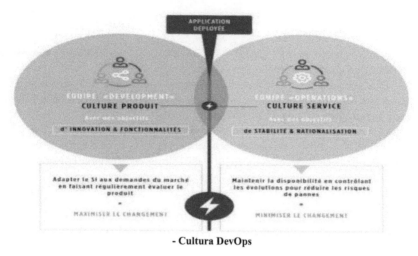

- **Cultura DevOps**

Agile vs DevOps

■ I metodi agili si basano sul pragmatismo e sullo sviluppo iterativo. Definiscono un quadro meno rigido rispetto ai metodi tradizionali.

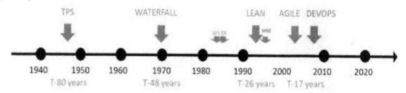

■ Il metodo agile raccomanda anche cicli di sviluppo del software più brevi, rispetto ai metodi tradizionali "a cascata".

■ La metodologia agile riduce i rischi, ripetendo cicli di progettazione, codifica e test più brevi che possono risolvere eventuali sorprese e correggere il progetto in corso d'opera il prima possibile.

■ Numerosi approcci **DevOps**, in particolare **Scrum** e **Kanban**, incorporano elementi di programmazione agile.

■ Nel metodo agile, **il deployment in produzione** avviene sempre **alla fine** del progetto. Questo spiega la mancanza di collaborazione tra i due team, quello degli sviluppatori e quello operativo.

■ Nel metodo DevOps, il lavoro del team Dev non termina quando viene rilasciata una nuova versione (o una correzione di bug) dell'applicazione. Deve anche collaborare con il team Ops per testare, distribuire e misurare i Key Performance Indicator (KPI).

- Rapporto tra Agile e Dev Ops

DevOps - Come funziona

■ L'approccio *DevOps* mira a riconciliare i due team, Dev e Ops, creando una cultura di **collaborazione** basata su obiettivi e progetti condivisi e sulla creazione di valore.

■ Principi DevOps (**CALMS**) :

Cultura: comprendere e migliorare i valori e gli atteggiamenti dell'ambiente aziendale al servizio dello sviluppo.

Automazione: tutto ciò che può essere **automatizzato** dovrebbe esserlo.

Lean: risparmiare sui **costi** ed eliminare le risorse non necessarie.

Misura: individuare rapidamente gli errori del software e analizzare il comportamento degli utenti implementando sistemi di feedback delle informazioni.

Condivisione : Condivisione e comunicazione tra i team.

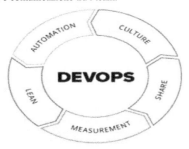

- Principio di DevOps -

Vantaggi di DevOps

■ *Accelerazione dei cicli di sviluppo*

o DevOps riduce il time to market dei prodotti grazie a una maggiore automazione e a una migliore collaborazione tra i team di sviluppo e operativi.

■ *Migliorare la qualità del software*

o Le pratiche DevOps incoraggiano il test e l'integrazione continui, che portano a un'individuazione precoce degli errori e a una migliore qualità del codice.

■ *Distribuzioni più frequenti*

o Con strumenti come l'integrazione continua e la distribuzione continua, DevOps facilita distribuzioni più frequenti e affidabili, consentendo aggiornamenti regolari e miglioramenti continui.

■ *Riduzione dei costi*

7

o L'automazione dei processi di sviluppo, test e distribuzione riduce i costi associati agli errori umani e ai ritardi, ottimizzando le risorse.

- *Migliore collaborazione e comunicazione*
o DevOps promuove una cultura di collaborazione tra i team di sviluppo e operativi, migliorando la comunicazione, riducendo gli attriti e allineando gli obiettivi.

- *Riduzione dei tempi di recupero*
o In caso di guasto o problema, le pratiche DevOps consentono una risposta rapida e una risoluzione efficace degli incidenti, riducendo i tempi di inattività delle applicazioni.

- *Scalabilità e flessibilità*
o L'uso di container e strumenti di orchestrazione consente una migliore gestione degli ambienti, facilitando la scalabilità e l'adattamento alle mutevoli esigenze degli utenti.

- *Migliore visibilità e controllo*
o Gli strumenti DevOps forniscono una maggiore visibilità del processo di sviluppo e distribuzione, consentendo il monitoraggio in tempo reale delle prestazioni e degli incidenti.

- *Maggiore soddisfazione dei clienti*
o Accelerando il ciclo di vita delle applicazioni e rispondendo rapidamente ai feedback degli utenti, DevOps contribuisce a una maggiore soddisfazione dei clienti e a un rapido adattamento alle esigenze del mercato.

- *Innovazione continua*
o L'implementazione di DevOps incoraggia una cultura dell'innovazione, consentendo ai team di testare e distribuire rapidamente nuove idee e funzionalità.

Questi vantaggi mostrano come DevOps possa trasformare i processi di sviluppo del software e migliorare l'efficienza complessiva delle operazioni IT.

Pipeline CI/CD

Una pipeline CI/CD (Continuous Integration/Continuous Deployment) è un insieme di processi automatizzati che consentono di gestire in modo efficiente il ciclo di vita dello sviluppo software, dalla scrittura del codice alla distribuzione in produzione. L'integrazione continua (CI) consiste nell'automatizzare l'unione del codice sviluppato da diversi membri del team in un repository centrale più volte al giorno. Ogni integrazione attiva test automatizzati per verificare la qualità e la funzionalità del codice, consentendo di individuare rapidamente gli errori e di mantenere una base di codice stabile. La distribuzione continua (CD) subentra automatizzando la consegna del codice valido agli ambienti di produzione o pre-produzione. Ciò consente di distribuire aggiornamenti frequenti e affidabili con un intervento manuale minimo. Insieme, CI/CD riduce il tempo che intercorre tra lo sviluppo di nuove funzionalità e il loro rilascio in produzione, migliora la qualità del software grazie a test continui e garantisce una risposta rapida alle esigenze del mercato, riducendo al minimo i rischi associati alla distribuzione.

Integrazione continua (CI)

- SI TRATTA DI una pratica che permette di integrare il codice con altri sviluppatori

- Il più delle volte, l'integrazione del codice serve a verificare che la fase di compilazione sia ancora funzionale.

- Una pratica comune è quella di verificare anche che i test delle unità (fase di Unit Testing) siano ancora funzionali.

- L'obiettivo della pipeline *CI* è quello di creare un **pacchetto** che possa essere distribuito.

Consegna continua (CD)

■ È un'estensione dell'integrazione continua

■ Lo scopo del CD è quello di prendere il pacchetto creato dalla pipeline CI e testarne la distribuzione in un **ambiente di prova (REVIEW e STAGING).**

■ Aggiungendo questa fase di pre-produzione ed eseguendo alcuni test, possiamo eseguire diversi tipi di test che richiedono la risposta dell'intero sistema (generalmente noti come test di accettazione).

■ La fase di distribuzione in produzione (STAGE DEPLOY) viene lanciata **manualmente** se e solo se il pacchetto ha superato con successo tutte le fasi precedenti.

Distribuzione continua (CD)

■ La distribuzione continua è la pratica di automatizzare completamente tutti i processi della pipeline CI/CD in un ambiente **di produzione.**

■ Il pacchetto deve prima superare con successo tutte le fasi precedenti

■ Non è necessario alcun intervento manuale: **il sistema**

Integrazione continua e consegna continua (CI/CD)

L'integrazione continua avverrà in 5 fasi:

1. **Pianificare** lo sviluppo.
2. **Compilare** e integrare il codice.
3. **Testate** il vostro codice.
4. Misurare la **qualità** del codice.
5. Gestire **i risultati** dell'applicazione.

Per impostare la **consegna continua**, è necessario implementare **5 fasi**:

1. Codifica dell'infrastruttura con **Infrastructure-as-Code.**
2. Distribuzione dell'applicazione.
3. **Testare** l'applicazione in un ambiente di prova.
4. **Supervisione** dell'applicazione.
5. Impostazione delle **notifiche** di avviso.

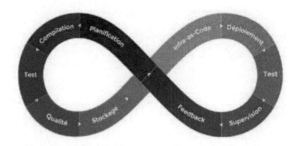

- Ciclo DevOps -

Infrastruttura come codice

■ Infrastructure as Code, IaC è un tipo di infrastruttura IT che i team operativi possono **gestire** e **fornire automaticamente** tramite codice, anziché utilizzare un processo manuale o interattivo.

■ L'infrastruttura come codice viene talvolta definita infrastruttura **programmabile**.

■ Il LaC offre molti vantaggi rispetto al provisioning manuale: può essere controllato, sottoposto a test di versione e consente di velocizzare il provisioning e la consegna del software.

Strumenti CI

■ **Pianificazione:** per collaborare con i vostri team, potete usare **Jira, GitLab, Confluence,** ALM Octane o Pivotal Tracker.

■ **Controllo del codice sorgente: Git, Subversion, GitHub, GitLab,** Perforce e **Bitbucket** sono gli strumenti per il controllo della sorgente.

■ **L'orchestratore:** è possibile orchestrare le fasi dell'integrazione continua utilizzando strumenti come **Jenkins,** TeamCity, Azure DevOps, **GitLab CI,** Concours CI, Travis CI o **Bamboo.**

■ **Compilazione:** è possibile compilare il codice con **Maven, Ant, Gradle,** MSBuild, NAnt, Gulp o Grunt.

■ **Testare il codice:** per implementare ed eseguire i test unitari, troverete strumenti come **JUnit,** NUnit e XUnit.

■ **Misurare la qualità del codice:** la qualità del codice può essere valutata utilizzando **SonarQube,** Cast o GitLab Code Quality.

■ **Gestire i deliverable dell'applicazione:** Gli artefatti possono essere resi disponibili tramite **Nexus, Artifactory, repository GitLab,** Quay, Docker Hub.

Strumenti CD

■ **Codificare l'infrastruttura con Infrastructure-as-Code:** i principali strumenti di Infrastructure-as-Code sono **Docker, Chef, Puppet, Ansible** e **Terraform.**

■ **Distribuire l'applicazione:** per distribuire gli artefatti creati in precedenza, potete usare **Spinnaker, XLDeploy** o **UrbanCode.**

■ **Testate la vostra applicazione:**

■ **Test di accettazione:** si possono usare **Confluence, FitNesse** o **Ranorex.**

■ **Test delle prestazioni:** è possibile utilizzare **JMeter, Apache Bench** o **Gatling.**

■ **Smoke test:** si possono usare **Selenium, SoapUI** o **Cypress** per verificare che l'applicazione funzioni correttamente.

Monitoraggio del comportamento delle applicazioni: per monitorare le applicazioni, è possibile utilizzare le suite **Elastic, Prometheus** o **Graylog.**

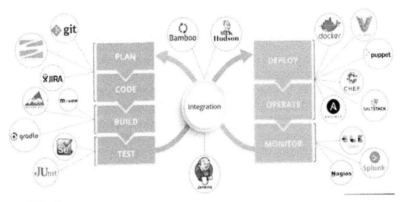

- Strumenti DevOps -

Capitolo 2

Gestione delle fonti

Controllo della versione

■ Il controllo della versione (*VC*), noto anche come controllo della revisione (RC), è la pratica di tracciare e gestire i cambiamenti o le modifiche al codice sorgente.
■ Uno sviluppatore può proporre diverse revisioni al giorno
■ Per ogni progetto IT è necessaria una **strategia di backup**.

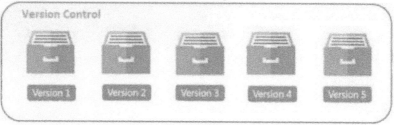

Sistemi di gestione del controllo del codice sorgente (SCMS)

■ I sistemi di gestione del controllo del codice sorgente (SCMS) forniscono una **storia continua** dello sviluppo del codice e aiutano a **risolvere i conflitti** quando si uniscono contributi provenienti da più fonti.

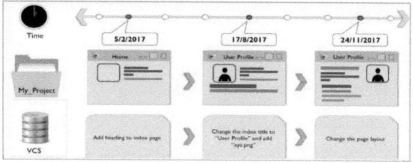

■ Il software *SCM* è talvolta chiamato :
■ Sistema di controllo della versione (VCS)
■ Sistema di gestione del codice sorgente (SCMS)
■ Sistema di controllo della revisione (RCS)

Tipi di sistemi di gestione del controllo del codice sorgente (SCMS)

Esistono due modelli di versionamento:
Modello centralizzato: il codice software è gestito da un server centrale.
Esempi: SVN, CVS
Modello distribuito: tutti gli sviluppatori hanno accesso al codice senza passare per un server.
Esempi: Git, Mercurial, Bazaar

Centralized   Distributed

GIT

Presentazione

Git è un sistema di gestione delle versioni distribuito, creato da Linus Torvalds nel 2005, utilizzato principalmente per lo sviluppo di software. A differenza dei sistemi di gestione delle versioni centralizzati, Git consente a ogni sviluppatore di lavorare su una copia completa del repository, compresa la storia completa del progetto.

Questo approccio decentralizzato facilita la collaborazione tra i team, migliora la flessibilità e garantisce la sicurezza dei dati, consentendo operazioni offline e offrendo potenti meccanismi per la gestione di filiali e fusioni.

Git è diventato uno strumento essenziale per la gestione delle versioni del codice, ampiamente adottato nel settore dello sviluppo software.

Concetti chiave di Git

1. Elenco di lavoro

La directory di lavoro è il luogo in cui sono memorizzati i file del progetto sul computer locale. È qui che si apportano le modifiche e dove i file sono visibili e modificabili. Le modifiche apportate nella directory di lavoro non sono ancora salvate in Git finché non vengono aggiunte all'area di staging.

2. Area di sosta

L'area di staging, o indice, è un'area intermëdiaria in cui si inseriscono le modifiche che si vogliono includere nel prossimo commit. Quando si usa il comando "git add", si preparano i file modificati per il commit, plagiandoli nell'area di staging. Questo permette di raggruppare le modifiche e di salvarle in un'unica operazione di cohërente.

3. Repository locale (Dëp6t Local)

Il dëp6t locale è il luogo in cui Git memorizza le versioni del progetto. Contiene la cronologia completa dei commit, compresi i rami e i tag. Quando si esegue un commit, Git salva le modifiche dall'area di staging nella dëp6t locale. Questo permette di tornare a versioni precedenti del progetto, se necessario.

4. Repository remoto

Il repository remoto è una versione del repository locale memorizzata su un server esterno, spesso ospitato su piattaforme come GitHub, GitLab o Bitbucket. Consente a diversi sviluppatori di lavorare insieme sincronizzando le modifiche con i comandi "git push" e "git pull".

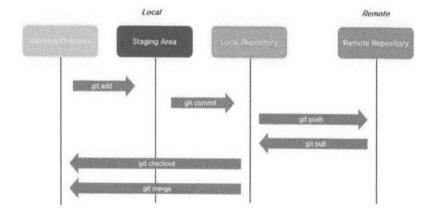

Passi di Git

1. Inizializzazione del deposito
- Creare un nuovo repository Git o convertire una directory esistente in un repository Git.
- Comando: **git init**
- Esempio: **git init** crea un nuovo repository Git nella directory corrente.

2. Clonazione del deposito
- Clonare un dëp6t remoto per ottenere una copia locale completa del progetto.
- Comando: **git clone [URL]**
- Esempio: **git clone** https://github.com/username/repository.git copia il d6pot remoto sulla macchina locale.

3. Gestione del cambiamento
- Aggiungere file all'area di staging, fare commit per salvare le modifiche nel d6pot locale e gestire i rami.
- Comando: **git add [file]**
- Esempio: **git add index.html** aggiunge il file 'index.html' all'area di staging per il prossimo commit.
- Comando: **git commit -m "[messaggio]""**.
- Esempio: **'git commit -m "Add new feature"** salva le modifiche nell'area di staging con il messaggio di commit "Add new feature".

4. Sincronizzazione con il deposito remoto
- R6cup6rez e inviare le modifiche tra il d6pot locale e quello remoto.
- Comando: **git pull**
- Esempio: **git pull origin main** recupera le modifiche dal ramo 'main' del d6pot remoto e le unisce al ramo locale.
- Comando: **git push**
- Esempio: **git push origin main** invia i commit locali dal ramo 'main' al d6pot remoto.

5. Gestione delle filiali
- Creare, eliminare e gestire i rami per organizzare lo sviluppo delle funzionalità.
- Comando: **git branch**
- Esempio: **git branch** elenca tutti i rami locali. **git branch feature-xyz'** crea un nuovo ramo chiamato 'feature-xyz'.

- Comando: **git checkout [branch]**
- Esempio: **'git checkout feature-xyz'** cambia il ramo corrente in 'feature-xyz'.

6. Unire le modifiche
- Unire le modifiche da un ramo all'altro per integrare le modifiche.
- Comando: **git merge [branch]**
- Esempio: **git merge feature-xyz** unisce le modifiche apportate al ramo 'feature-xyz' nel ramo corrente.

7. Visualizza la storia
- Visualizzare la cronologia dei commit per vedere le modifiche apportate al deposito.
- Comando: **git log**
- Esempio: **git log** visualizza l'elenco dei commit con informazioni dettagliate su ciascun commit.

Flusso Git

Git Flow è un metodo di gestione dei rami che struttura lo sviluppo in diverse fasi distinte per migliorare l'organizzazione e la gestione delle versioni. Ecco i principali rami utilizzati in Git Flow:
- **Master**: ramo principale contenente il codice pronto per la produzione. Le versioni stabili del progetto vengono pubblicate da questo ramo.
- **Develop**: ramo dello sviluppo che integra nuove funzionalità e correzioni di bug prima del rilascio. È la base per le future versioni del prodotto.
- **Feature**: rami temporanei creati per sviluppare nuove funzionalità. Sono derivati da 'develop' e uniti a 'develop' una volta completati.
- **Release**: Rami usati per preparare una nuova versione stabile. Vengono utilizzati per apportare le ultime modifiche prima di confluire nel "master".
- **Hotfix**: rami creati per correggere rapidamente problemi critici in 'master'. Sono usati per risolvere bug urgenti e vengono uniti sia in 'master' che in 'develop'.

Git con un repository remoto

Un repository remoto è una versione di un progetto ospitata su un server, che consente a diversi utenti di collaborare e sincronizzare il proprio lavoro. I repository remoti sono generalmente ospitati su piattaforme come GitHub, GitLab o Bitbucket. Lavorare con un repository remoto significa recuperare (pull) le ultime modifiche, inviare (push) nuovi contributi e gestire la collaborazione tra diversi sviluppatori.

Ecco un esempio di flusso di lavoro di un deposito remoto:

1. **Clonare un repository remoto**: git clone https://github.com/user/repo.git per copiare localmente un repository remoto.
2. **Sincronizzazione del repository**: prima di iniziare il lavoro, si consiglia di eseguire git pull origin main per recuperare le ultime modifiche dal ramo principale.
3. **Spingere le modifiche** : Dopo aver aggiunto (git add) e fatto il commit (git commit) delle modifiche, è possibile inviarle al dbpot remoto con git push origin main.

In breve, l'uso di un dbpot remoto facilita la collaborazione tra i team e garantisce che tutti lavorino sulla versione più aggiornata del progetto, assicurando al contempo la tracciabilità delle modifiche.

La figura precedente fornisce una chiara panoramica del funzionamento di Git.

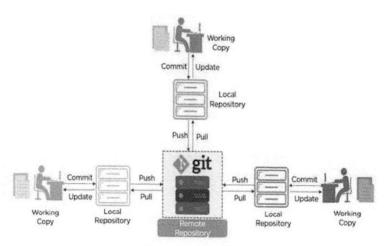

- Come funziona Git -

Passo 1: Installazione di Git

1. Aprite il terminale di Ubuntu.
2. Verificate se Git è già installato eseguendo il comando

```
git --version
```

```
 ┌─┐                root@abir-VirtualBox: /home/abir
root@abir-VirtualBox:/home/abir# git --version
git version 2.25.1
root@abir-VirtualBox:/home/abir# ▊
```

Nel nostro caso, git è già installato sulla nostra macchina ubuntu nella versione 2.25.1.

Se Git non è installato, installarlo usando il comando :

```
sudo apt update
sudo apt install git
```

Controllare nuovamente la versione di Git per confermare l'installazione:

```
git --version
```

Passo 2: Configurazione iniziale di Git

1. Configurare il nome utente Git

```
git config --global user.name "Votre Nom"
```

```
 ┌─┐                root@abir-VirtualBox: /home/abir       Q  ≡   _
root@abir-VirtualBox:/home/abir# git config --global user.name "Abir"
```

2. Configurare l'indirizzo e-mail di Git :

```
git config --global user.email "votre@email.com"
```

```
root@abir-VirtualBox:/home/abir/RepProjectTest# git config --global user.email
"abirakaldi@yahoo.fr"
```

3. Controllare la configurazione di Git :

```
git config --list
```

```
 ┌─┐                root@abir-VirtualBox: /home/abir       Q  ≡   _   ⊡  ⊗
root@abir-VirtualBox:/home/abir# git config --list
user.name=Abir
user.mail=abirakaldi@yahoo.fr
```

Passo 3: creazione di un nuovo repository Git

1. Creare una nuova cartella per il progetto, chiamata **RepProjectTest**:

```
mkdir RepProjectTest
cd RepProjectTest
```

```
 ┌─┐           root@abir-VirtualBox: /home/abir/RepProjectTest  Q  ≡   _   ⊡  ⊗
root@abir-VirtualBox:/home/abir# mkdir RepProjectTest
root@abir-VirtualBox:/home/abir# cd RepProjectTest/
root@abir-VirtualBox:/home/abir/RepProjectTest# ▊
```

2. Inizializzare un nuovo repository Git in questa cartella:

```
git init
```

```
root@abir-VirtualBox:/home/abir/RepProjectTest# git init
Dépôt Git vide initialisé dans /home/abir/RepProjectTest/.git/
```

Il progetto **RepProjectTest** viene inizializzato con git .

17

Possiamo sfogliare i file nella directory .git con il comando.

```
ls .git
```

Descrizioni del contenuto di .git :

La directory '.git' è il cuore di ogni repository Git. Contiene tutti i file e i metadati necessari per tracciare la cronologia delle versioni, i rami, i commit e molto altro. Ecco una descrizione dei file e delle directory più importanti all'interno della directory '.git':

1. **HEAD**: Questo file punta al ramo corrente. Di solito contiene un riferimento simbolico (un percorso di file) al file 'refs/heads/nome_ramo' che rappresenta il ramo attivo.

2. **refs** : Questa directory contiene le sottodirectory 'refs/heads', 'refs/tags' e 'refs/remotes' che memorizzano rispettivamente i puntatori ai rami locali, ai tag e ai rami remoti (per i repository remoti).

> **refs/heads**: questa directory contiene un file per ogni ramo locale. Ogni file contiene lo SHA-1 dell'ultimo commit di questo ramo.

> **refs/tags** : questa directory contiene i tag, che sono punti fissi nella cronologia dei commit per contrassegnare versioni specifiche.

> **refs/remotes** : Se si lavora con i repository remoti, questa directory contiene i riferimenti ai rami remoti, come 'refs/remotes/origin/nome_ramo'.

3. **objects** : questa directory memorizza tutti gli oggetti Git, compresi i commit, gli alberi e i blob (i file stessi).

> **objects/commit**: contiene i commit (ogni commit ha un file con il suo SHA-1).

> **objects/tree**: contiene gli alberi, che sono strutture di dati Git che rappresentano lo stato del progetto in un determinato momento.

> **objects/blob**: contiene i blob, che sono i dati effettivi del file.

4. **config**: Questo file contiene la configurazione del repository Git, comprese le informazioni sull'utente (nome, indirizzo e-mail) e altre impostazioni di configurazione specifiche del repository.

5. **description**: questo file contiene una breve descrizione del repository, generalmente utilizzata dai server Git.

6. **hooks** : questa directory può contenere script di hook, che sono script eseguiti in momenti specifici durante le operazioni di Git (per esempio, prima di un commit).

7. **index**: Questo file è l'area di staging. Contiene informazioni sui file che sono pronti per essere impegnati nel prossimo commit.

8. **logs**: questa directory può contenere file di log che registrano la storia dei riferimenti (ad esempio, "refs/heads/branch_name") e le operazioni eseguite su di essi.

9. **info** : questa directory può contenere altri file di configurazione e di informazione.

55. Questi file e directory costituiscono l'infrastruttura interna di Git, che consente di gestire le versioni in modo efficiente e di tenere traccia della storia dei commit di un progetto.

Passo 4: Aggiunta di file e commit

1. Creare un file **samplegit.py** per il progetto **RepProjectTest** e digitare il seguente codice python:

2. Aggiungere il file all'area di staging

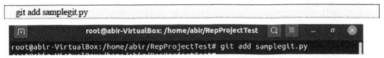

Prima di fare un commit, dobbiamo controllare che il nostro progetto nel ramo master non contenga commit con il comando

```
git log
```

```
root@abir-VirtualBox:/home/abir/RepProjectTest# git log
fatal: votre branche actuelle 'master' ne contient encore aucun commit
root@abir-VirtualBox:/home/abir/RepProjectTest#
```

3. Eseguire un commit per salvare le modifiche:

```
git commit -m "Premier commit"
```

```
root@abir-VirtualBox:/home/abir/RepProjectTest# git commit -m "Mon premier comm
it"
[master (commit racine) 012b7df] Mon premier commit
 1 file changed, 2 insertions(+)
 create mode 100644 samplegit.py
root@abir-VirtualBox:/home/abir/RepProjectTest#
```

4. Visualizza la cronologia dei commit :

```
git log
```

```
root@abir-VirtualBox:/home/abir/RepProjectTest# git log
commit 012b7df94b16a7cfcc5eb6021223b79f79056716 (HEAD -> master)
Author: Abir <abirakaldi@yahoo.fr>
Date:   Sun Oct 1 22:28:18 2023 +0100

    Mon premier commit
root@abir-VirtualBox:/home/abir/RepProjectTest#
```

5. Controllare lo stato del ramo master git status

```
git status
```

```
root@abir-VirtualBox:/home/abir/RepProjectTest# git status
Sur la branche master
rien à valider, la copie de travail est propre
root@abir-VirtualBox:/home/abir/RepProjectTest#
```

6. Modificare localmente il file **samplegit.py**

```
root@abir-VirtualBox:/home/abir/RepProjectTest# gedit samplegit.py
```

7. Ora controllate lo stato della cartella git:

```
root@abir-VirtualBox:/home/abir/RepProjectTest# git status
Sur la branche master
Modifications qui ne seront pas validées :
  (utilisez "git add <fichier>..." pour mettre à jour ce qui sera validé)
  (utilisez "git restore <fichier>..." pour annuler les modifications dans le r
épertoire de travail)
        modifié :       samplegit.py

aucune modification n'a été ajoutée à la validation (utilisez "git add" ou "git
 commit -a")
```

Vediamo che il ficmer **samplegit.py** è stato modificato. In questo caso sono possibili due casi:

Caso 1: Possiamo ripristinarlo:

```
root@abir-VirtualBox:/home/abir/RepProjectTest# git restore samplegit.py
root@abir-VirtualBox:/home/abir/RepProjectTest# git status
Sur la branche master
rien à valider, la copie de travail est propre
root@abir-VirtualBox:/home/abir/RepProjectTest# cat samplegit.py
print("My first example for git Test")
```

Caso 2: Possiamo mantenere la modifica e fare il commit della nuova versione

```
root@abir-VirtualBox:/home/abir/RepProjectTest# git  commit -a -m "Second Commi
t"
[master c297055] Second Commit
 1 file changed, 1 insertion(+), 1 deletion(-)
```

8. Controllare lo stato del ramo master con il comando **git log**

```
root@abir-VirtualBox:/home/abir/RepProjectTest# git  commit -a -m "Second Commi
t"
[master c297055] Second Commit
 1 file changed, 1 insertion(+), 1 deletion(-)
root@abir-VirtualBox:/home/abir/RepProjectTest# git log
commit c297055646562da2dcb1abaa6fa9685383354f5d (HEAD -> master)
Author: Abir <abirakaldi@yahoo.fr>
Date:   Sun Oct 1 22:49:09 2023 +0100

    Second Commit

commit 012b7df94b16a7cfcc5eb6021223b79f79056716
Author: Abir <abirakaldi@yahoo.fr>
Date:   Sun Oct 1 22:28:18 2023 +0100

    Mon premier commit
```

9. Visualizzare la differenza tra le due versioni del commit con il comando :

git diff id_commit1 id_commit2

```
root@abir-VirtualBox:/home/abir/RepProjectTest# git diff c297055646562da2dcb1ab
aa6fa9685383354f5d  012b7df94b16a7cfcc5eb6021223b79f79056716
diff --git a/samplegit.py b/samplegit.py
index a46fdcb..bf84224 100644
--- a/samplegit.py
+++ b/samplegit.py
@@ -1,2 +1,2 @@
-print("My second example for git Test")
+print("My first example for git Test")
```

Fase 5: Creazione di rami

1. Creare un ramo chiamato sviluppatore git branch developer

git branch developer

```
root@abir-VirtualBox:/home/abir/RepProjectTest# git branch developer
```

2. Verificare che il ramo sia stato creato utilizzando il comando git branch

20

```
git branch
```

```
root@abir-VirtualBox:/home/abir/RepProjectTest# git branch
  developer
* master
```

3. Passate al ramo degli sviluppatori con il comando

```
Git checkout developer
```

```
root@abir-VirtualBox:/home/abir/RepProjectTest# git checkout developer
Basculement sur la branche 'developer'
```

Passo 6: Collegamento di Git con GitHub

1. Create un account GitHub se non ne avete già uno.
2. Collegarsi a GitHub.
3. Creare un nuovo repository GitHub chiamato "RepGitTest" seguendo i passi della piattaforma.
4. Associare il repository locale al repository GitHub "RepGitTest" usando il seguente comando (sostituire 'your_user' e 'your_project' con i propri dati):

```
git remote add origin https://github.com/votre_utilisateur/RepProjectTest
```

```
root@abir-VirtualBox:/home/abir/RepProjectTest# git remote add origin https://g
ithub.com/AbirKaldi/RepProjectTest
```

5. Spingete il codice locale su GitHub usando il comando :
git push -u origin master

```
git push -u origin master
```

```
root@abir-VirtualBox:/home/abir/RepProjectTest# git push origin master
Username for 'https://github.com': AbirKaldi
Password for 'https://AbirKaldi@github.com':
Énumération des objets: 12, fait.
Décompte des objets: 100% (12/12), fait.
Compression des objets: 100% (6/6), fait.
Écriture des objets: 100% (12/12), 1.02 Kio | 1.02 Mio/s, fait.
Total 12 (delta 0), réutilisés 0 (delta 0)
remote:
remote: Create a pull request for 'master' on GitHub by visiting:
remote:      https://github.com/AbirKaldi/RepProjectTest/pull/new/master
remote:
To https://github.com/AbirKaldi/RepProjectTest.git
 * [new branch]      master -> master
```

6. Potrebbe essere necessario autenticarsi con il proprio nome utente e token GitHub.
7. Accedere al repository GitHub per verificare che i file siano stati inviati con successo.

Capitolo 3

Strumenti di costruzione

Introduzione

Gli strumenti di compilazione sono essenziali nel ciclo di sviluppo del software, in quanto automatizzano il processo di compilazione, test e utilizzo delle applicazioni. Consentono di trasformare il codice sorgente in una versione exècutable, incorporando al contempo Гcxècниǐs chiave come i test automatizzati, la gestione delle dipendenze e la creazione di pacchetti.

Strumenti popolari come Maven, Gradle e Ant sono comunemente usati per progetti Java, mentre Make è spesso usato per progetti C/C++. Questi strumenti offrono un'automazione fluida e ripetibile, assicurando che il codice venga compilato in modo coerente e riducendo così il rischio di errori umani.

L'integrazione degli strumenti di compilazione in una pipeline CI/CD significa anche che le versioni stabili e valide del software possono essere distribuite più rapidamente.

Presentazione di Maven

Maven è uno strumento open source della comunità Apache, scritto interamente in Java. Automatizza la gestione e la costruzione di un progetto Java: comunemente noto come strumento di compilazione.

Maven si presenta come un eseguibile a riga di comando, ma è anche integrato nativamente negli IDE più comuni del mondo Java: Eclipse, Intellij IDEA, NetBeans.

È possibile creare ed eseguire progetti Java EE direttamente negli IDE. Quindi perché usare Maven?

Sebbene un IDE possa essere sufficiente per gestire progetti semplici, questa soluzione si rivela presto limitata:

S Come posso condividere il mio progetto con altri sviluppatori che non hanno esattamente la mia stessa configurazione di workstation e non usano il mio stesso IDE?

S Come posso compilare e testare il mio progetto al di fuori di un'IDE (ad esempio in un processo di integrazione continua)?

S Come si possono automatizzare alcune attività ripetitive e ridurre il numero di errori o sviste?

Il modo più semplice per risolvere tutti questi problemi è utilizzare uno strumento come Maven.

Caratteristiche principali di Maven

Lo strumento più famoso per la costruzione di progetti è senza dubbio **Make**. Make consente di definire compiti con comandi associati e dipendenze tra questi compiti.

Maven adotta un approccio molto diverso: divide il ciclo di costruzione del progetto in fasi predefinite e lo sviluppatore può impostare o aggiungere compiti da eseguire automaticamente per ogni fase.

Le fasi principali di Maven sono :

compile: compilazione del codice sorgente del progetto

test: compilazione del codice sorgente del test ed esecuzione dello stesso

pacchetto: costruzione del deliverable (per un'applicazione Web, si tratta dell'archivio WAR)

■ Maven aggiunge la possibilità di creare automaticamente le dipendenze del software. Per

22

sviluppare applicazioni Java EE, abbiamo bisogno di librerie esterne (file .jar in Java). Invece di scaricarle una per una dal Web e aggiungerle a Eclipse, indicheremo a Maven l'identificatore delle dipendenze di cui abbiamo bisogno e lui si occuperà di scaricarle da un repository centrale, memorizzarle in una cache sulla macchina e associarle al nostro progetto.

■ Infine, i progettisti di Maven hanno adottato un approccio normativo per garantire l'omogeneità tra i progetti. Pertanto, un progetto Maven si conforma a un'organizzazione piuttosto rigida di directory e file.

Il ciclo di vita di Maven

Maven si basa su una struttura a ciclo di vita con diverse fasi per gestire in modo efficiente la costruzione e la distribuzione dei progetti. Il ciclo di vita predefinito comprende tre cicli principali:

■ **Pulisci**: ripulisce il progetto eliminando i file che si sono creati durante le precedenti compilazioni.

■ **Default (Build)**: questo ciclo contiene la maggior parte delle fasi, dalla convalida del progetto alla дёпёгайоп del pacchetto finale. Include ёtape come la compilazione (compile), la ^xё^^ dei test (test), il confezionamento (package) e il dёploiement (deploy).

■ **Sito**: documentazione e relazioni del progetto Gёnёre sotto forma di sito web.

Ogni fase di questi cicli viene eseguita in un ordine specifico e gli sviluppatori possono personalizzare o aggiungere fasi in base alle loro esigenze. Per esempio, per costruire e testare un progetto, è sufficiente eseguire mvn clean install, che mette insieme tutte le ёtape ^ necessarie.

Dipendenze e file pom.xml

Maven utilizza un file di configurazione centrale chiamato pom.xml (Project Object Model) che definisce la struttura del progetto e le sue dipendenze. Questo file svolge un ruolo fondamentale nella gestione automatica delle librerie esterne di cui il progetto ha bisogno per funzionare. Ogni dipendenza è definita da un insieme di attributi: **groupId**, **artifactId** e **version**. Maven tёlё carica quindi automaticamente queste librerie da dёpб remoti come Maven Central. Ecco un esempio di dёpendency in un file pom.xml:

```
<dependency>
    <groupId>junit</groupId>
    <artifactId>junit</artifactId>
    <version>4.12</version>

    <scope>test</scope>
</dependency>
```

```
    <scope>test</scope>
  </dependency>
```

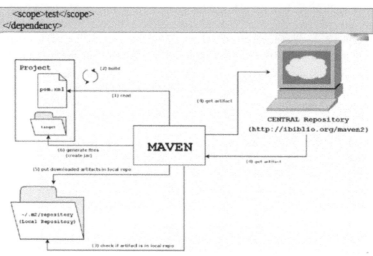

- Progetto Maven -

Maven semplifica notevolmente la gestione delle dipendenze, evitando i conflitti di versione e garantendo che il progetto abbia sempre le versioni corrette delle librerie.

Workshop 2. Impostazione di un progetto Maven

Passo 1. Aprite un terminale su ubuntu e installate maven con il comando

```
apt-get install maven
```

```
root@Jenkins:/home/jenkins# apt-get install maven
Reading package lists... Done
Building dependency tree... Done
Reading state information... Done
maven is already the newest version (3.8.7-1).
The following packages were automatically installed and are no longer required
  java-wrappers jmeter-help libbatik-java libbcmail-java libbcpkix-java
  libbcprov-java libbcutil-java libbsf-java libbsh-java libcommons-codec-java
  libcommons-collections3-java libcommons-httpclient-java libcommons-jexl-java
  libcommons-jexl2-java libcommons-lang-java libcommons-math3-java
```

Passo 2. Scaricare e decomprimere l'archivio hello-webapp.zip.

```
wget https://gayerie.dev/epsi-poei-201705/assets/hello-webapp.zip
```

```
root@Jenkins:/home/jenkins# wget https://gayerie.dev/epsi-poei-201705/assets/hel
lo-webapp.zip
--2024-04-23 11:09:21--  https://gayerie.dev/epsi-poei-201705/assets/hello-webap
p.zip
Resolving gayerie.dev (gayerie.dev)... 185.199.108.153, 185.199.109.153, 185.199
.110.153, ...
Connecting to gayerie.dev (gayerie.dev)|185.199.108.153|:443... connected.
HTTP request sent, awaiting response... 200 OK
Length: 2457 (2.4K) [application/zip]
Saving to: 'hello-webapp.zip'

hello-webapp.zip    100%[===================>]   2.40K   .KB/s    in 0s

2024-04-23 11:09:22 (15.5 MB/s)  'hello-webapp.zip' saved [2457/2457]
```

Decomprimere l'archivio hello-webapp.zip

```
root@Jenkins:/home/jenkins# unzip hello-webapp.zip
Archive:  hello-webapp.zip
   creating: hello/
 inflating: hello/pom.xml
   creating: hello/src/
   creating: hello/src/test/
   creating: hello/src/main/
   creating: hello/src/test/java/
   creating: hello/src/test/resources/
   creating: hello/src/main/java/
   creating: hello/src/main/resources/
   creating: hello/src/main/webapp/
   creating: hello/src/main/webapp/WEB-INF/
 inflating: hello/src/main/webapp/WEB-INF/web.xml
```

L'archivio verrà decompresso nella directory hello. Accedere alla cartella hello e verificarne il
contenuto:

```
root@Jenkins:/home/jenkins# cd hello
root@Jenkins:/home/jenkins/hello# ls
pom.xml  src
root@Jenkins:/home/jenkins/hello# tree
.
├── pom.xml
└── src
    ├── main
    │   ├── java
    │   ├── resources
    │   └── webapp
    │       └── WEB-INF
    │           └── web.xml
    └── test
        ├── java
        └── resources
```

Questo archivio contiene il progetto Maven minimo per un'applicazione Web che useremo come
esempio.
Maven impone una struttura minima ad albero dei file per garantire la coerenza tra tutti i progetti.

pom.xml
Alla radice del progetto c'è il file pom.xml, il descrittore del progetto per Maven.

src/main

Questa directory contiene i file dell'applicazione. Almeno la sottodirectory **java** contiene i sorgenti Java. La sottodirectory **resources** contiene i file che non sono sorgenti Java, ma che devono essere presenti insieme ai file compilati nell'applicazione finale (spesso si tratta di file di configurazione). Infine, per un'applicazione Web, la sottodirectory **webapp** corrisponde alla radice del sito Web. Contiene la directory WEB-INF e il file WEB-INF/web.xml.

src/test

Questa directory contiene i file utilizzati per testare l'applicazione. La sottodirectory **Java** contiene i sorgenti Java dei test unitari. La sottodirectory **resources** contiene i file che non sono sorgenti Java, ma che sono necessari per eseguire i test (spesso si tratta di file di configurazione per i test).

C'è un'ultima directory da tenere presente, la directory **target**. Questa directory non è presente nell'albero del progetto hello-webapp. È la directory di lavoro di Maven. Questa directory viene creata automaticamente da Maven per memorizzare tutti i file di lavoro. Contiene le classi compilate, i file sorgente generati automaticamente, il deliverable finale e i rapporti di esecuzione dei test.

IL FILE POM.XML

Il file pom.xml è il descrittore del progetto per Maven. È un file XML nella radice del progetto che viene letto da Maven per fornire informazioni sul progetto.

Il contenuto del file pom.xml per il progetto hello-webapp è il seguente:

```
application Web
-->
<packaging>war</packaging>

<!--
Les propriétés de notre projet. On peut définir des propriétés
spécifiques au projet ou des propriétés standard à Maven pour
paramétrer la construction du projet
-->
<properties>
<!--
Propriété standard définissant la version minimale de Java supportée
par les fichiers sources (ici 1.8 pour Java 8)
-->
<maven.compiler.source>1.8</maven.compiler.source>

<!--
Propriété standard définissant la version Java des fichiers compilés
du projet (ici 1.8 pour Java 8)
-->
<maven.compiler.target>1.8</maven.compiler.target>

<!--
Le format d'encodage des fichiers source du projet. Attention, l'encodage
par défaut n'est pas le même sous Windows et sous les systèmes *NIX
Il est donc plus sage de toujours positionner cette propriété dans le fichier pom.xml
-->
<project.build.sourceEncoding>UTF-8</project.build.sourceEncoding>
</properties>
</project>
```

Questo file pom.xml fornisce a Maven le informazioni minime:

- Il progetto si chiama it.epsi.b3:hello
- La versione attuale è la 0.0.1 ed è una versione funzionante.
- Il progetto è un'applicazione web Java EE (war)

Il progetto è scritto in Java 8 e i sorgenti sono codificati in UTF-8.

GESTIONE DEL PROGETTO CON MAVEN

È possibile utilizzare la riga di comando mvn dalla directory contenente il file **pom.xml** per eseguire operazioni su un progetto. Maven crea una directory di lavoro chiamata **target** in cui memorizza i file prodotti (compresi i file di guerra).

Passo 3. Pulire la directory di lavoro **di destinazione**

```
root@Jenkins:/home/jenkins/hello# mvn clean
[INFO] Scanning for projects...
[INFO]
[INFO] ------------------< fr.epsi.b3:hello >------------------
[INFO] Building hello 0.0.1-SNAPSHOT
[INFO] --------------------------[ war ]--------------------------
Downloading from central: https://repo.maven.apache.org/maven2/org/apache/maven/
plugins/maven-clean-plugin/2.5/maven-clean-plugin-2.5.pom
Downloaded from central: https://repo.maven.apache.org/maven2/org/apache/maven/p
lugins/maven-clean-plugin/2.5/maven-clean-plugin-2.5.pom (3.9 kB at 3.2 kB/s)
Downloading from central: https://repo.maven.apache.org/maven2/org/apache/maven/
plugins/maven-plugins/22/maven-plugins-22.pom
Downloaded from central: https://repo.maven.apache.org/maven2/org/apache/maven/p
```

Al termine di questa fase, il display avrà il seguente aspetto:

```
/plexus-utils/3.0/plexus-utils-3.0.jar (228 kB at 683 kB/s)
[INFO] -------------------------------------------------------
[INFO] BUILD SUCCESS
[INFO] -------------------------------------------------------
[INFO] Total time:  5.057 s
[INFO] Finished at: 2024-04-23T11:14:01+01:00
[INFO] -------------------------------------------------------
root@Jenkins:/home/jenkins/hello#
```

Passo 4. Compilazione dei sorgenti

27

compilare i sorgenti, i test unitari ed eseguire i test unitari

```
root@Jenkins:/home/jenkins/hello# mvn compile
[INFO] Scanning for projects...
[INFO]
[INFO] -----------------------< fr.epsi.b3:hello >-----------------------
[INFO] Building hello 0.0.1-SNAPSHOT
[INFO] --------------------------------[ war ]--------------------------------
[INFO]
[INFO] --- maven-resources-plugin:2.6:resources (default-resources) @ hello ---
[INFO] Using 'UTF-8' encoding to copy filtered resources.
[INFO] Copying 0 resource
[INFO]
[INFO] --- maven-compiler-plugin:3.1:compile (default-compile) @ hello ---
[INFO] Nothing to compile - all classes are up to date
[INFO] ------------------------------------------------------------------------
[INFO] BUILD SUCCESS
[INFO] ------------------------------------------------------------------------
[INFO] Total time:  1.215 s
[INFO] Finished at: 2024-04-23T11:19:14+01:00
[INFO] ------------------------------------------------------------------------
root@Jenkins:/home/jenkins/hello# mvn compile
[INFO] Scanning for projects...
[INFO]
[INFO] -----------------------< fr.epsi.b3:hello >-----------------------
[INFO] Building hello 0.0.1-SNAPSHOT
[INFO] --------------------------------[ war ]--------------------------------
[INFO]
[INFO] --- maven-resources-plugin:2.6:resources (default-resources) @ hello ---
[INFO] Using 'UTF-8' encoding to copy filtered resources.
[INFO] Copying 0 resource
[INFO]
[INFO] --- maven-compiler-plugin:3.1:compile (default-compile) @ hello ---
```

Passo 5. Ora testate la compilazione

`mvn test`

```
root@Jenkins:/home/jenkins/hello# mvn test
[INFO] Scanning for projects...
[INFO]
[INFO] -----------------------< fr.epsi.b3:hello >-----------------------
[INFO] Building hello 0.0.1-SNAPSHOT
[INFO] --------------------------------[ war ]--------------------------------
Downloading from central: https://repo.maven.apache.org/maven2/org/apache/maven/plugin
ven-surefire-plugin-2.12.4.pom
Downloaded from central: https://repo.maven.apache.org/maven2/org/apache/maven/plugins
```

Al termine di questo compito abbiamo il seguente risultato:

```
INFO] ------------------------------------------------------------------------
INFO] BUILD SUCCESS
INFO] ------------------------------------------------------------------------
INFO] Total time:  5.721 s
INFO] Finished at: 2024-04-23T11:21:04+01:00
INFO] ------------------------------------------------------------------------
```

Passo 6. A questo punto si procede all'implementazione del pacchetto: si compilano i sorgenti, i test unitari, si eseguono i test unitari e si crea il file war.

`mvn package`

```
root@Jenkins:/home/jenkins/hello# mvn package
[INFO] Scanning for projects...
[INFO]
[INFO] -----------------------< fr.epsi.b3:hello >-----------------------
[INFO] Building hello 0.0.1-SNAPSHOT
[INFO] --------------------------------[ war ]--------------------------------
Downloading from central: https://repo.maven.apache.org/maven2/org/apache/maven/plugins/mave
plugin-2.2.pom
Downloaded from central: https://repo.maven.apache.org/maven2/org/apache/maven/plugins/maven
lugin-2.2.pom (6.5 kB at 11 kB/s)
Downloading from central: https://repo.maven.apache.org/maven2/org/apache/maven/plugins/mave
```

Al termine di questa fase abbiamo il seguente risultato:

28

```
[INFO] Copying webapp resources [/home/jenkins/hello/src/main/webapp]
[INFO] Building war: /home/jenkins/hello/target/hello-0.0.1-SNAPSHOT.war
[INFO] -------------------------------------------------------------------
[INFO] BUILD SUCCESS
[INFO] -------------------------------------------------------------------
[INFO] Total time:  2.320 s
[INFO] Finished at: 2024-04-23T11:46:59+01:00
[INFO] -------------------------------------------------------------------
```

NB: Se si riscontra un problema con il comando mvn package, aggiungere il seguente plugin al file pom.xml:

```
<plugin>
                                            <groupId>org.apache.maven.plugins</groupId>
                                            <artifactId>maven-war-plugin</artifactId>
    <version>3.3.2</version>   <!-- Mettez ici la version que vous souhaitez utiliser -->
</plugin>
```

Il file pom.xml appare quindi come questo

```
Open    ∨  ⌂                                   *pom.xml                          Save   ≡   _   □   ✕
                                          /home/jenkins/hello

 1  <project xmlns="http://maven.apache.org/POM/4.0.0"  xmlns:xsi="http://www.w3.org/2001/
    XMLSchema-instance"
 2      xsi:schemaLocation="http://maven.apache.org/POM/4.0.0 http://maven.apache.org/
    xsd/maven-4.0.0.xsd">
 3          <modelVersion>4.0.0</modelVersion>
 4          <groupId>fr.epsi.b3</groupId>
 5          <artifactId>hello</artifactId>
 6          <version>0.0.1-SNAPSHOT</version>
 7          <packaging>war</packaging>
 8          <properties>
 9              <maven.compiler.source>1.8</maven.compiler.source>
10              <maven.compiler.target>1.8</maven.compiler.target>
11              <project.build.sourceEncoding>UTF-8</project.build.sourceEncoding>
12          </properties>
13          <build>
14      <plugins>
15          <plugin>
16              <groupId>org.apache.maven.plugins</groupId>
17              <artifactId>maven-war-plugin</artifactId>
18              <version>3.3.2</version> <!-- Mettez ici la version que vous souhaitez
    utiliser -->
19          </plugin>
20          <!-- Autres plugins -->
21      </plugins>
22  </build>
23  </project>
```

Passo 7: Aggiungere il plugin TOMEE al file pom.xml

Eseguiremo un server tomEE direttamente da Maven

È possibile dichiarare i plugin in un file pom.xml del progetto. Ci sono molti plugin disponibili nei repository Maven. Ciò significa che la dichiarazione di un plugin ne attiva automaticamente il download, l'installazione e l'esecuzione.

Quando si crea un progetto per un'applicazione Web, può essere utile poterlo eseguire da Maven, cioè lanciare un server di applicazioni Java EE e distribuire l'applicazione su questo server.

. Per TomEE, è possibile utilizzare il plugin tomee-maven. Tornare al progetto Maven e modificare il file pom.xml per aggiungere il plugin tomee:

```
<build>
 <plugins>
  <plugin>
   <!-- le plugin pour démarrer TomEE depuis la ligne de commande avec maven :
      mvn package tomee:run
   -->
   <groupId>org.apache.tomee.maven</groupId>
   <artifactId>tomee-maven-plugin</artifactId>
   <version>8.0.9</version>
   <configuration>
    <tomeeVersion>8.0.9</tomeeVersion>
    <tomeeClassifier>plus</tomeeClassifier>
   </configuration>
```

```
  </plugin>
 </plugins>
</build>
```

Passo 8. Aprite un terminale e andate nella directory del progetto. Digitare il comando :
`mvn package tomee:run`

indica a Maven che deve compilare il progetto, eseguire i test unitari e creare il pacchetto (nel nostro caso un file war). Quindi tomee:run chiama direttamente il plugin tomee-maven- e gli chiede di lanciare il server distribuendo il file war.

Il plugin tomee-maven-plugin distribuisce l'applicazione nel contesto principale [artifact-id]-[version]. Per il progetto di prova, il contesto di ddploiement sarà quindi **hello-0.0.1-SNAPSHOT**

```
23-Apr-2024 12:15:14.397 INFO [main] jdk.internal.reflect.DelegatingMethodAccessorImpl.invoke Deployment of web applica
tion archive [/home/jenkins/hello/target/apache-tomee/webapps/hello-0.0.1-SNAPSHOT.war] has finished in [9,591] ms
23-Apr-2024 12:15:14.400 INFO [main] jdk.internal.reflect.DelegatingMethodAccessorImpl.invoke Starting ProtocolHandler
["http-nio-8080"]
```

30

Capitolo 4

Docker

Docker: concetti e utilizzo

Docker consente di creare contenitori, unità leggere contenenti un'applicazione e tutte le sue dipendenze, per renderla portatile e coerente in ambienti diversi. Docker risolve il problema del "funziona sulla mia macchina" fornendo un ambiente coerente e isolato per ogni applicazione.

Esempio:

Avete un'applicazione Node.js che funziona in fase di sviluppo ma che incontra problemi in produzione a causa di differenze di configurazione. Con Docker, si incapsula l'applicazione in un contenitore, assicurando che venga eseguita in modo identico ovunque.

Architettura Docker

Docker è costituito da diversi componenti principali, che lavorano insieme per consentire la gestione di container e immagini. Questi componenti includono Docker Engine, container, immagini, volumi, reti e registri.

- Motore Docker

Il motore Docker è il cuore dell'ecosistema Docker. È composto da diversi elementi chiave:

o Demone Docker: Il demone che gestisce la creazione e l'esecuzione dei container. Riceve i comandi dall'interfaccia utente e interagisce con file system, reti e container.

o Docker CLI: l'interfaccia della riga di comando usata per comunicare con il demone Docker. Ad esempio, quando si esegue 'docker run', il comando viene inviato al demone Docker per l'esecuzione.

o API REST: un insieme di API che consentono a strumenti esterni di comunicare con Docker, ad esempio tramite script o applicazioni di terze parti.

- Immagini Docker

Un'immagine Docker è una sorta di modello utilizzato per creare contenitori. Ogni immagine contiene tutto ciò di cui un'applicazione ha bisogno per funzionare: il codice dell'applicazione, le librerie, le dipendenze e persino il sistema operativo, tutto incapsulato in un'unica immagine.

Le immagini Docker sono costruite a strati: ogni istruzione di un file Docker crea un nuovo strato. Ciò significa che parti dell'immagine possono essere riutilizzate in altri progetti per risparmiare spazio e accelerare il processo di creazione.

- Contenitori

I container sono istanze di immagini Docker. Una volta creata l'immagine, il contenitore è l'istanza in esecuzione. I container sono isolati dagli altri container e dall'host, ma possono condividere reti e volumi per consentire la comunicazione e la persistenza dei dati.

I container operano in ambienti isolati e indipendenti. Hanno il loro spazio di processo, la loro rete e il loro file system.

Per impostazione predefinita, i contenitori sono effimeri, il che significa che i dati che contengono vengono eliminati una volta arrestati, a meno che non utilizzino volumi per persistere i dati.

- Volumi Docker

I volumi sono spazi di archiviazione condivisi tra l'host e i container per conservare i dati oltre la durata del container. Possono anche essere usati per condividere i dati tra diversi container.

Esempio:

```
docker run -v /path/on/host:/path/in/container my-python-app
```

In questo esempio, '/path/on/host' è la directory sull'host e '/path/in/container' è la posizione nel contenitore dove verrà montato il volume.

- Reti Docker

Docker consente di creare reti virtuali in modo che i container possano comunicare tra loro o con il mondo esterno. I tipi di rete includono :

S Bridge: i container di una rete bridge possono parlare tra loro.

S Host: Il contenitore condivide la rete host.

S Overlay: consente la connessione di container su host Docker diversi.

Esempio

docker network create my-network

docker run --network my-network my-container

Qui viene creata una rete Docker personalizzata e il contenitore viene collegato a questa rete.

- Registri Docker

Un registro è un repository in cui vengono archiviate le immagini Docker. Il registro pubblico più utilizzato è Docker Hub, ma le aziende possono anche creare registri privati per memorizzare le proprie immagini.

Esempio di spinta di un'immagine su Docker Hub:

docker tag my-image username/my-image

docker push username/my-image

Immagini Docker: costruzione, ottimizzazione e gestione

Le immagini Docker sono istantanee contenenti tutto il necessario per l'esecuzione di un'applicazione. Sono costruite a partire da un file Docker e ottimizzate per ridurre le dimensioni e i tempi di distribuzione.

Esempio di un file Docker :

Per un'applicazione Python, si può creare un'immagine Docker con questo Dockerfile :

DA python:3.9-slim

\#   Copiare il codice sorgente nel contenitore COPY . /app

\#   Definizione della directory WORKDIR /app

\#   Installazione delle dipendenze con pip RUN pip install -r requirements.txt

\#   Esposizione della porta 5000 per Flask EXPOSE 5000

\#   Comando per avviare l'applicazione CMD ["python", "app.py"].

Gestione dei contenitori Docker: manipolazione e orchestrazione

I contenitori sono le istanze attive delle immagini. Una volta che l'immagine è pronta, è possibile lanciarla con 'docker run', gestire i volumi e configurare le reti tra i vari container.

Esempio:

Per lanciare un contenitore dall'immagine precedentemente creata :

```
docker run -d -p 5000:5000 my-python-app
```

Dockerfile: costruzione e ottimizzazione dell'immagine

Il Dockerfile è un file di testo che descrive come Docker deve costruire un'immagine. È essenziale ottimizzare questo file per ridurre le dimensioni delle immagini e accelerare il processo di compilazione.

Esempio di un file Docker ottimizzato per un file Python :

\#   Utilizzo dell'immagine ufficiale di Python

DA python:3.9-slim

\#   Installazione delle dipendenze del sistema

ESEGUIRE apt-get update && apt-get install -y \

libpq-dev gcc

\#   Creare un utente non root

ESEGUIRE useradd -ms /bin/bash appuser

\#   Definizione dell'utente

UTENTE appuser

\#   Copia del codice sorgente

WORKDIR /app

```
COPIA --chown=appuser:appuser . /app
#    Installazione delle dipendenze di Python
ESEGUIRE pip install --no-cache-dir -r requirements.txt
#    Mostra del porto per Flask
MOSTRA 5000
#    Comando per avviare l'applicazione
CMD ["python", "app.py"]
```

Docker Compose: semplificazione degli ambienti multi-contenitore

Docker Compose consente di gestire diversi container utilizzando un file di configurazione YAML.
Esempio di docker-compose.yml :

```
versione: "3"
servizi:
web:
immagine: nodo:14
working_dir: /app
volumi:
-    .:/app
porti:
-    "3000:3000"
comando: npm start
dipende_da:
- mongo
mongo:
immagine: mongo:4.4
porti:
-    "27017:27017"
volumi:
-    mongo-data:/data/db
volumi:
mongo-data:
```

Integrazione di Docker con CI/CD

Docker si integra perfettamente nelle pipeline CI/CD per automatizzare la creazione, il test e la distribuzione delle applicazioni.
Esempio con Jenkins :

```
conduttura {
agente {
docker {
immagine 'nodo:14'
}
}
corsi {
stage('Build') {
passi {
sh 'npm install'
}
}
stage('Test') {
passi {
sh 'npm test'
```

```
}
}
stage('Deploy') {
passi {
sh 'docker build -t my-app .'
sh 'docker run -d -p 3000:3000 my-app'
}
}
}
}
```

Sicurezza di Docker: best practice e strumenti

La sicurezza è un aspetto critico quando si usa Docker, soprattutto quando i container vengono distribuiti in produzione. Sebbene Docker fornisca l'isolamento tra i container e l'host, esistono rischi per la sicurezza associati alla configurazione delle immagini, dei container e della rete. Questa sezione illustra le migliori pratiche per la sicurezza degli ambienti Docker e gli strumenti utili per analizzare e rafforzare la sicurezza delle distribuzioni.

Immagini Docker sicure

1.   Usare immagini ufficiali o verificate: quando si scelgono le immagini per i container, privilegiare quelle provenienti da fonti ufficiali o verificate su Docker Hub o su un registro privato sicuro. In questo modo si riduce al minimo il rischio di esecuzione di malware o immagini compromesse.
- Esempio: piuttosto che utilizzare un'immagine sconosciuta come "node:random", utilizzare l'immagine ufficiale "node: 14" o immagini con tag specifici per controllare le versioni.
DAL nodo: 14

2.   Aggiornare regolarmente le immagini: Le vulnerabilità di sicurezza possono essere presenti nelle immagini di base o nelle dipendenze incluse nell'immagine. È importante aggiornare regolarmente le immagini e ricostruire i container per includere le ultime patch.
- Esempio: se si utilizza un'immagine Python, assicurarsi di utilizzare sempre una versione aggiornata per evitare le falle di sicurezza note.

```
DA python :3.10 -slim
```

3.   Ridurre al minimo le dimensioni dell'immagine: più piccola è l'immagine, meno dipendenze potenzialmente vulnerabili contiene. Utilizzate immagini "slim" o "alpine", che sono versioni minime di un sistema operativo o di un runtime.
- Esempio: utilizzare 'node:alpine' invece di 'node' per una versione più leggera.

```
DA nodo: 14-alpino
```

Protezione dei contenitori

1.   Evitare di eseguire i container come root: per impostazione predefinita, i container Docker vengono eseguiti con privilegi di root, il che può rappresentare un rischio significativo per la sicurezza se il container viene compromesso. Utilizzare un utente non root per eseguire i processi nel contenitore.
Esempio: creare un utente non root nel file Docker e definirlo come utente predefinito.
Creare un utente "appuser
ESEGUIRE useradd -ms /bin/bash appuser
Cambiare l'utente predefinito
UTENTE appuser

2.   Utilizzare gli spazi dei nomi per l'isolamento: Docker utilizza gli spazi dei nomi di Linux per isolare i processi, le reti e i file system dei container tra loro e dall'host. L'abilitazione degli spazi dei nomi degli utenti rafforza questo isolamento, mappando gli UID e i GID dei container agli utenti non root dell'host.

3. Limitare le risorse del contenitore: utilizzare opzioni come '--memory' e '--cpus' per limitare le risorse di sistema che un contenitore può consumare. Questo riduce il rischio che un contenitore dannoso o difettoso prosciughi le risorse dell'host.
- Esempio: limitare l'uso della memoria e della CPU per un contenitore.

```
docker run -d --memory="512m" --cpus="1.5" my-python-app
```

4. Gestione dei privilegi: utilizzare l'opzione '--cap-drop' per rimuovere le capacità Linux non necessarie dal contenitore. Per impostazione predefinita, Docker concede diverse capacità al contenitore. È possibile ridurre queste capacità per limitare ciò che il contenitore può fare.
- Esempio: eliminare tutte le capacità e aggiungere solo quelle necessarie.
docker run --cap-drop=ALL --cap-add=NET_ADMIN il mio contenitore

Proteggere la rete Docker

1. Utilizzare reti personalizzate: i contenitori Docker sono collegati per impostazione predefinita alla rete "bridge", che consente loro di comunicare con altri contenitori sulla stessa macchina. Create reti personalizzate per isolare i vostri container e limitarne la portata.
- Esempio: creare una rete personalizzata e collegare i contenitori a questa rete.

```
docker network create --driver bridge my-secure-network
docker run --network my-secure-network my-secure-container
```

- Abilitare i firewall: utilizzare le regole del firewall per controllare le connessioni in entrata e in uscita ai propri container. Ad esempio, con 'iptables', si possono limitare le connessioni solo a determinate porte.
3. Isolamento delle porte: non pubblicare le porte che non sono necessarie all'esterno. Esporre solo le porte necessarie per l'applicazione utilizzando l'opzione "-p".
- Esempio: se si ha bisogno solo della porta 8080 per un'applicazione web, non esporre altre porte.
docker run -d -p 8080:8080 my-web-app

Strumenti di sicurezza Docker

1. Docker Bench for Security: uno script open source che verifica la conformità dell'installazione di Docker alle migliori pratiche di sicurezza. Analizza vari aspetti della configurazione di Docker, tra cui la configurazione dei container, le reti e le autorizzazioni.
- Esempio: Eseguire Docker Bench for Security per verificare l'installazione di Docker.

```
git clone https://github.com/docker/docker-bench-security.git
cd docker-bench-security
sh docker-bench-security.sh
```

2. Trivy: uno scanner open source che rileva le vulnerabilità nelle immagini Docker e nei file di configurazione di Kubernetes, Terraform e Docker Compose.
- Esempio: Eseguire una scansione Trivy per verificare la presenza di vulnerabilità in un'immagine Docker.
immagine trivago immagine-mio-docker
3. Clair: un altro strumento di scansione delle vulnerabilità per le immagini Docker. Esegue la scansione delle immagini e fornisce un rapporto dettagliato delle falle di sicurezza presenti.
4. Notary: Docker include anche una funzione di firma dei contenuti chiamata Notary. Questa funzione consente di firmare crittograficamente le immagini per garantire che non siano state alterate tra la creazione e la distribuzione.
- Esempio: utilizzare Docker Content Trust per firmare un'immagine prima di inviarla a un registro.
esportare DOCKER_CONTENT_TRUST=1
docker push myrepo/myimage:mytag

Migliori pratiche di distribuzione

1. **Utilizzare strumenti come **Falco** per monitorare in tempo reale le attività sospette a livello di container. Ciò consente di rilevare comportamenti anomali come l'accesso non autorizzato a file

sensibili o modifiche del kernel.

2. Automatizzare gli aggiornamenti: Assicuratevi che i vostri container e le immagini siano regolarmente aggiornati con le ultime versioni sicure. Utilizzate sistemi di distribuzione continua (CI/CD) per automatizzare questo processo.

3. Scansione delle immagini prima della distribuzione: integrare strumenti di sicurezza come Trivy e Clair nelle pipeline CI/CD per eseguire la scansione delle immagini prima di inviarle in produzione. In questo modo è possibile bloccare qualsiasi distribuzione contenente vulnerabilità critiche.

Workshop 3. Docker

Parte 1: Comandi Docker di base

1. Installazione di Docker

sudo apt install docker.io

2. Avvio del servizio Docker sudo systemctl start docker
3. Verifica dell'installazione di Docker docker --version
4. Elenco delle immagini Docker
5. Elenco dei contenitori attualmente in esecuzione docker ps
6. Creare un contenitore interattivo

docker run -it ubuntu /bin/bash

7. Avvio di un contenitore in background docker run -d nginx
8. Eseguire un comando in un contenitore in esecuzione docker exec -it container_id /bin/bash
9. Arresto di un contenitore in esecuzione docker stop container_id
10. Eliminare un contenitore ferma docker rm container_id

Parte 2: Creare un'immagine da un contenitore

1. Creare un contenitore di base

```
docker run -d --name my-container ubuntu
```

2. Personalizzare il contenitore

```
docker exec -it my-container /bin/bash
```

3. Creare un'immagine dal contenitore personalizzato** docker commit my-container my-image:v1
4. Elencare le immagini per verificare la nuova immagine** docker images
5. Eliminare il contenitore docker stop my-container docker rm my-container
6. Eseguire un contenitore di base sulla nuova immagine docker run -it my-image:v1 /bin/bash
7. Apportare le modifiche al contenitore di base sull'immagine e installare python nel contenitore apt-get install python3
8. Creare una nuova versione dell'immagine docker commit my-container my-image:v2
9. **Elenco delle immagini per verificare la nuova versione** immagini docker
10. Eliminare il contenitore basato sulla vecchia immagine docker stop my-image:v1 docker rm my-image:v1

Parte 3: Utilizzo di docker build

In questa sezione utilizzeremo un esempio concreto creando un'immagine Docker per un server web Nginx personalizzato.

1. Creare una directory per il progetto

mkdir mio_progetto_nginx

cd mio_progetto_nginx

2. Creare un file Docker

```
gedit Dockerfile
```

Questo file conterrà le istruzioni per la creazione dell'immagine Docker.

```
#    Utilizzare un'immagine base di Nginx
DA nginx:latest
#    Copiare un file di configurazione personalizzato nel contenitore
```

```
COPIA nginx.conf /etc/nginx/nginx.conf
```

3. Creare un file di configurazione Nginx personalizzato

Creare un file di configurazione Nginx personalizzato chiamato "nginx.conf" nella stessa directory del file Docker con le configurazioni desiderate.

# Esempio di configurazione Nginx personalizzata
server {
ascolto 80;
nome_server example.com;
posizione / {
root /usr/share/nginx/html;
index index.html;
}
}

4. Creare un'immagine dal file Docker

Usare il seguente comando per creare un'immagine dal file Docker situato nella directory corrente:

```
docker build -t my-nginx-personalise:1.0 .
```

5. Elenco immagini per verificare la nuova immagine

```
immagini docker
```

6. Eseguire un contenitore di base sull'immagine costruita

```
docker run -d -p 8080:80 mon-nginx-personnalise:1.0
```

7. Verifica dell'esecuzione del contenitore

Aprite un browser web e andate su **"http://localhost:8080"** per vedere se Nginx funziona con la vostra configurazione personalizzata.

8. Arresto e cancellazione del contenitore

docker stop container_id
docker rm container_id

9. Pulire i contenitori e le immagini inutilizzati

Per ripulire i contenitori e le immagini inutilizzati, eseguire i seguenti comandi: docker container prune docker image prune

10. Cancellare l'immagine locale

```
docker rmi my-nginx-customized: 1.0
```

Parte 4: Utilizzo di Docker Compose

Per questa parte, utilizzeremo un esempio concreto creando un ambiente Docker Compose per un'applicazione web Python basata su Flask e un server di database MySQL. Assicuratevi di avere installato Docker Compose sul vostro sistema.

Installazione di Docker compose :

```
sudo apt install docker-compose
```

1. Creare una directory per il progetto

mkdir mio_progetto_flask
cd mio_progetto_flask

2. Creare un file 'docker-compose.yml'.

Creare un file 'docker-compose.yml' nella cartella del progetto. Questo file definirà la configurazione dell'applicazione e contiene le seguenti istruzioni:

versione: '3'
servizi:
web:
immagine: python:3.8-slim

comando: python app.py
volumi:
-    ./app:/app
porti:
-    5000:5000
db:
immagine: mysql:5.7
ambiente:
MYSQL_ROOT_PASSWORD: my-secret-pw
MYSQL_DATABASE: mydb
UTENTE MYSQL: myuser
MYSQL_PASSWORD: mypassword
3.   Creare una directory 'app' per l'applicazione Flask

```
mkdir app
```

4.   Creare un file 'app.py' per l'applicazione Flask
Creare un file 'app.py' nella cartella 'app' con il codice di Flask.

```
da flask import Flask
```

importare mysql.connector app = Flask(nome   )
@app.route('/') def hello():
return 'Hello, World!'   ifname==   '   main_
app.run(host='0.0.0.0')
5.   Esecuzione di 1 applicazione con Docker Compose
Nella directory principale del progetto, eseguire il seguente comando per avviare i servizi definiti nel file 'docker-compose.yml':

```
docker-compose up -d
```

6.   Verifica dell'applicazione Flask
Aprite un browser web e andate su 'http://localhost:5000' per verificare che la vostra applicazione Flask sia in esecuzione.
7.   Arresto dei servizi Docker Compose
Per interrompere i servizi, eseguire il seguente comando nella directory principale del progetto:

```
docker-compose giù
```

8.   Eliminare i contenitori e i volumi Docker Compose
Se si desidera eliminare completamente i contenitori e i volumi creati da Docker Compose, utilizzare il seguente comando :

```
docker-compose down -v
```

Parte 5: Distribuzione di un'applicazione Python con Docker
In questa parte, distribuiremo una semplice applicazione Python Flask utilizzando un'immagine Python reale con Docker Compose. Seguite questi 10 passi per realizzare questo compito:
1.   Creare una directory per il progetto
Creare una cartella dedicata al progetto Docker:
mkdir my_python_project
cd my_python_project
2.   Creare un file Docker
Creare un file Docker nella cartella del progetto. Questo file conterrà le istruzioni per costruire l'immagine Docker per la vostra applicazione Python Flask.
gedit Dockerfile

```
#    Utilizzare un'immagine base di Python
```

```
DA python:3.8-slim
#   Definire la directory di lavoro nel contenitore WORKDIR /app
#   Copiare il file delle dipendenze di Python COPY requirements.txt .
#   Installare le dipendenze di Python
ESEGUIRE pip install --no-cache-dir -r requirements.txt
#   Copiare il codice sorgente nel campo COPY .
#   Comando predefinito per eseguire l'applicazione CMD ["python", "app.py"].
```

3.   Creare un file ' requisiti .txt
Creare un file 'requirements.txt' per elencare le dipendenze della propria applicazione Python Flask.
Per esempio: flask=2.0.1
4.   Create una cartella 'app' per la vostra applicazione Python mkdir app
5.   Creare un file 'app.py' per l'applicazione Python Flask
Creare un file "app.py" nella cartella "app" con il codice Python di Flask. Ecco un semplice esempio
da flask import Flask app = Flask(nome   )
@app.route('/') def hello():
return 'Hello, World!'   ifname==   '   main   ':
app.run(host='0.0.0.0')
6.   Creare un file 'docker-compose.yml'.
Creare un file 'docker-compose.yml' nella directory principale del progetto per definire la
configurazione dell'applicazione e dei servizi associati.
versione: '3'
servizi:
aPP:
costruire:
contesto: .
dockerfile: Dockerfile
porti:
- 5000:5000
7.   Creare l'immagine Docker
Eseguire il seguente comando per creare l'immagine Docker dal file Docker: docker-compose build
8.   Esecuzione dell'applicazione con Docker Compose
Avviare l'applicazione eseguendo il servizio definito nel file 'docker-compose.yml': docker-compose
up -d
9.   Verifica dell'applicazione Flask
Aprite un browser web e accedete a ' http://localhost: 5000' per verificare che la vostra applicazione
Python Flask funzioni correttamente.
10. Arresto e pulizia dei contenitori Docker Compose
Per interrompere i servizi di Docker Compose, eseguire il seguente comando nella directory principale
del progetto:

```
docker-compose giù
```

Se si desidera eliminare completamente i contenitori e i volumi creati da Docker Compose, utilizzare
il seguente comando :

```
docker-compose down -v
```

Capitolo 5

Pipeline CI/CD con Jenkins

Introduzione a Jenkins

❖ Dedicato a DevOps, Jenkins è uno strumento di integrazione continua open source (con licenza MIT) sviluppato in Java.

❖ Ogni volta che il codice di un'applicazione viene modificato nel gestore della configurazione, Jenkins lo ricompila e lo testa automaticamente.

❖ Per questa seconda fase, Jenkins integra il framework di test open source JUnit. Se viene rilevato un errore, Jenkins avvisa lo sviluppatore in modo che possa risolvere il problema.

❖ Si tratta ovviamente di un processo molto vantaggioso per un progetto di sviluppo.

❖ Forcella dello strumento Hudson, Jenkins si appoggia a un server servlet come Apache Tomcat o può essere basato su un proprio server web incorporato.

❖ Accessibile tramite un browser web, è compatibile con i più diffusi sistemi di gestione delle versioni, come Git e Subversion. Come standard, supporta pipeline di integrazione continua (CI) basate sugli strumenti di compilazione Apache Ant e Apache Maven.

Plugin Jenkins

Attraverso il suo Update Center, Jenkins offre 1.500 plugin per estendere il suo ambiente di integrazione continua. Tra i più popolari ci sono :

S **Dashboard View Plugin** per il monitoraggio dello stato delle attività,

S **Plugin di monitoraggio** che misura le prestazioni del lavoro,

S **Plugin Kubernetes** che gestisce la distribuzione degli agenti Jenkins su un'infrastruttura Kubernetes,

S **Multijob Plugin**, dimensionato per orchestrare l'esecuzione di compiti complessi in modo sequenziale,

API GitHub che pianifica e avvia le build in base al codice estratto da GitHub,

S **Git Client** fornisce un'API Git per i plugin Jenkins.

Tipi di pipeline Jenkins

Le pipeline di Jenkins sono flussi di lavoro che possono essere complessi e che descrivono tutte le fasi di un processo di integrazione continua. Queste pipeline sono dichiarate in file chiamati Jenkinsfiles.

I file Jenkins possono essere scritti utilizzando due tipi di sintassi basati sul DSL Groovy:

1. **Pipeline dichiarative :**

La pipeline dichiarativa è un modo semplificato e strutturato di definire le pipeline in Jenkins utilizzando direttive predefinite.

```groovy
pipeline {
    agent any
    stages {
        stage('Build') {
            steps {
                // Étapes de construction (compilation, tests...)
                echo 'Building...'
            }
        }
        stage('Test') {
            steps {
                // Étapes de test
                echo 'Testing...'
            }
        }
        stage('Deploy') {
            steps {
                // Étapes de déploiement
                echo 'Deploying...'
            }
        }
    }
}
```

Descrizione del gasdotto :
La pipeline di script utilizza uno script Groovy completo per definire la pipeline. Ecco un esempio:

```groovy
node {
    stage('Build') {
        // Étapes de construction
        echo 'Building...'
    }
    stage('Test') {
        // Étapes de test
        echo 'Testing...'
    }
    stage('Deploy') {
        // Étapes de déploiement
        echo 'Deploying...'
    }
}
```

Architettura Jenkins

S Jenkins utilizza **un'architettura master/agente/i**, con   lo **iuriid**

Il master di Jenkins contiene tutte le sue configurazioni. Il **master orchestra** e **controlla** l'esecuzione di tutti i **flussi di lavoro** definiti nelle **pipeline** ed eseguiti sui **nodi agente**. Esistono due tipi di newel: **agenti statici** e agenti **dinamici** (forniti in base alle esigenze). S I **na'iid statici** sono installati direttamente sulle macchine virtuali, mentre **i na'iid dinamici sono forniti** su **cluster kubernetes** o in **container**. **Il master** può anche essere installato su un **cluster kubernetes**.

S Per comunicare con gli agenti, il master utilizza il **protocollo SSH**, il **protocollo JNLP** (porta 5000) o le **chiamate API**.

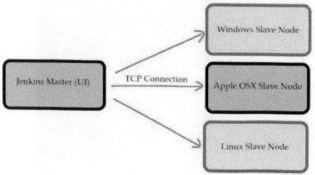

Architettura di un cluster Jenkins

Workshop 4. Impostazione di una pipeline CI/CD con Jenkins

Parte 1. Preparazione dell'ambiente di lavoro

Fase 1: aprire il terminale e inserire la directory sample-app da github con il comando :
git clone http://github.com/AbirKaldi/sample-app

Passo 2: Dëplacare la cartella sample-app nel proprio account github.

Parte 2. Scaricare ed eseguire l'immagine Docker di Jenkins

In questa parte, si caricherà l'immagine Docker di Jenkins, quindi si commercializzerà un'istanza dell'immagine e si verificherà che il server Jenkins sia in esecuzione.

Passo 1. Caricare l'immagine Docker di Jenkins

L'immagine Docker di Jenkins è stockëe qui: https://hub.docker.com/r/jenkins/jenkins.Au al momento della stesura di questo laboratorio, questo spiega che si deve usare il comando docker pull jenkins/jenkins per caricare l'ultimo container Jenkins:

devasc@labvm:~# **docker pull jenkins/jenkins:lts** lts: estrazione da jenkins/jenkins 3192219afd04: estrazione del livello fs 17c160265e75: estrazione del livello fs cc4fe40d0e61: Estrazione del livello fs 9d647f502a07: Estrazione del livello fs d108b8c498aa: Estrazione del livello fs 1bfe918b8aa5: Estrazione completa dafa1a7c0751: Estrazione completa 650a236d0150: Estrazione completa cba44e30780e: Estrazione completa 52e2f7d12a4d: Estrazione completa d642af5920ea: Estrazione completa e65796f9919e: Estrazione completa 9138dabbc5cc: Estrazione completa f6289c08656c: Estrazione completa 73d6b450f95c: Estrazione completa a8f96fbec6a5: Estrazione completa 9b49ca1b4e3f: Estrazione completa d9c8f6503715: Estrazione completa 20fe25b7b8af: Estrazione completa
Digest: sha256:717dcbe5920753187a20ba43058ffd3d87647fa903d98cde64dda4f4c82c5c48 Stato: Scaricata immagine più recente per jenkins/jenkins :lts docker.io/j enkins/j enkins:lts
devasc@labvm:~/labs/devnet-src/jenkins/sample-app$

Passo 2. Immettere il seguente comando di una riga, che potrebbe essere necessario copiare in un editor di testo se si sta visualizzando una versione PDF di questo laboratorio, per evitare interruzioni di riga. Questo comando consente di creare il contenitore Docker di Jenkins, quindi permette di eseguire comandi Docker all'interno del server Jenkins.

devasc@labvm:~/labs/devnet-src/jenkins/sample-app$ **docker run --rm -u root -p 8080:8080 -v jenkins-data:/var/jenkins_home -v $(which docker):** /usr/bin/docker-v
/var/run/docker.sock:/var/run/docker.sock -v "$HOME":/home --name jenkins_server jenkins/jenkins:lts
Le opzioni utili di questo comando **docker run** sono le seguenti:

o **-rm** - Questa opzione cancella automaticamente il contenitore Docker quando si interrompe l'esecuzione.

o **-u** - Questa opzione specifica l'utente. Si vuole che questo contenitore Docker venga eseguito come root, in modo che tutti i comandi Docker immessi nel server Jenkins siano autorizzati.

o **-p** - Questa opzione specifica la porta su cui il server Jenkins effettuerà l'esecuzione locale.

o **-v** - Queste opzioni collegano i volumi di montaggio necessari per Jenkins e Docker. La prima **-v** spëcifies indica dove verranno stoccati i domini di Jenkins. Il secondo **-v** spëcifies o get Docker in modo da poter eseguire

Docker nel contenitore Docker che esegue il server Jenkins. Il terzo -v spĕcifica la variabile PATH per la directory di base.

Passo 3. VC'rinez che il server Jenkins sia in funzione ^xĕ^й^.

Il server Jenkins dovrebbe ora essere in esecuzione ^xĕ^от. Copiare la password di amministrazione che appare nell'output, come indicato nella sezione successiva.

Non inserire alcun comando in questa finestra del server. Se si arresta accidentalmente il server Jenkins, è necessario immettere nuovamente il comando docker run del passo 2 precedente. Dopo l'installazione iniziale, la password di amministrazione viene visualizzata come mostrato di seguito.

```
<uscita omessa>.
È necessaria la configurazione iniziale di Jenkins: è stato creato un utente amministratore e generata una password.
Per procedere all'installazione, utilizzare la seguente password:
77dc402e31324c1b917f230af7bfebf2<--La vostra password sarà differente
Questa può essere trovata anche in: /var/jenkins_home/secrets/initialAdminPassword
<uscita omessa>.
2020-05-12 16:34:29.608+0000 [id=19] INFO hudson.WebAppMain$3#run: Jenkins è completamente attivo e funzionante
```

Nota: se si perde la password, o se non viene visualizzata come indicato sopra, o se si deve riavviare il server Jenkins, si può comunque rintracciare la password aiutandosi con la riga di comando del contenitore Docker Jenkins. Create una seconda finestra di terminale in VS Code e inserite i seguenti comandi per non fermare il server Jenkins...:

devasc@labvm:~ # **docker exec -it jenkins_server /bin/bash**

root@19d2a847a54e:/# **cat /var/jenkins_home/secrets/initialAdminPassword**

77dc402e31324c1b917f230af7bfebf2

root@19d2a847a54e:/# **exit** exit exit

devasc@labvm:~/labs/devnet-src/jenkins/sample-app$

Nota: l'ID contenitore (19d2a847a54e evidenziato sopra) e la password saranno diversi.

Passo 4. Studiate i livelli di astrazione attualmente in esecuzione sul vostro computer.

Il seguente diagramma ASCII mostra i livelli di astrazione di questa implementazione di Docker Inside-Docker (dind), un livello di complessità non raro nelle reti e nelle infrastrutture cloud di oggi.

```
        ++
|Il sistema operativo del computer | ++  |
VM |DEVASC | |
| | ++ | |
| |Docker container | | |
| | | ++    | | |
| | | Server Jenkins | | | | | Server Jenkins |
| | | | ++   | | | |
| | |Docker container| | | | | | | | |
| | | | ++   | | | |
| | | ++   | | |
| | ++ | |
| ++ |
        ++
```

Parte 3. Configurazione di Jenkins

In questa sezione si completa la configurazione iniziale del server Jenkins.

Fase 1: aprire una scheda del browser Web.

Andate **su http://localhost:8080/** e accedete con la vostra password di copia.

Passo 2. Installare i plugin Jenkins consigliati.

Fare clic su **Installa i plugin suggeriti** e attendere che Jenkins scarichi e installi i plugin. Nella finestra del terminale, si vedranno i messaggi di log mentre l'installazione procede. Assicurarsi di non chiudere questa finestra di terminale. È possibile aprire un'altra finestra di terminale per accedere alla riga di comando.

Passo 3. Ignorate la creazione di un nuovo utente amministratore.

Una volta completata l'installazione, apparirà la finestra **Crea primo utente amministratore**. Per il momento, fate clic su **Salta e continua come amministratore** in basso.

Passo 4. Ignorare la creazione di una configurazione di istanza.

Nella finestra **Configurazione dell'istanza**, non modificate nulla e fate clic su **Salva e Fine** in fondo.

Passo 5. Iniziare a usare Jenkins.

Nella finestra successiva, fare clic su **Inizia a usare Jenkins**. A questo punto ci si dovrebbe trovare nella dashboard principale con il messaggio **Welcome to Jenkins!**

Parte 4: Usare Jenkins per eseguire una versione dell'applicazione

L'unità fondamentale di Jenkins è il lavoro (noto anche come progetto). è possibile creare lavori che eseguono una serie di compiti, tra cui i seguenti:

o Codice Rёcupёrez da un repository di gestione del codice sorgente come GitHub.

o Creare un'applicazione utilizzando uno script o uno strumento di costruzione.

o Impacchettare un'applicazione ed eseguirla su un server

Passo 1. Creare un nuovo compito.

a.   Fare clic sul link **Crea un lavoro** direttamente sotto la pagina del messaggio **Welcome to Jenkins!** Potete anche cliccare su **Nuovo elemento** nel menu di sinistra.

b.   Nel campo **Inserire il nome dell'elemento**, inserire il nome **BuildAppJob**.

c.   Nella descrizione, l'abbreviazione SCM sta per Software Configuration Management (gestione della configurazione del software), una classificazione del software che si occupa di tracciare e controllare le modifiche apportate al software.

d.   Scorrere fino in fondo e fare clic su **OK**.

Passo 2. Configurare il BuildAppJob di Jenkins.

Le schede in alto sono solo scorciatoie per le sezioni sottostanti. Fare clic sulle schede per esplorare le opzioni che si possono configurare. Per questo semplice lavoro, è sufficiente aggiungere alcuni dettagli di configurazione.

e.   Fare clic sulla scheda **Generale**, aggiungere una descrizione del lavoro, ad esempio "**Il mio primo lavoro con Jenkins**".

f.   Nel campo URL del repository, aggiungere il link al repository GitHub per l'applicazione di esempio, facendo attenzione a inserire il nome utente con distinzione tra maiuscole e minuscole. Ad esempio :

https://github.com/github-nom_utilisateur/sample-app.git

g.   Per le **credenziali**, fare clic sul pulsante **Aggiungi** e scegliere **Jenkins**.

h.   Nella finestra di dialogo **Aggiungi credenziali**, inserire il nome utente e la password di GitHub, quindi fare clic su **Aggiungi**.

Nota: verrà visualizzato un messaggio di errore che indica che la connessione non è riuscita. Questo perché non sono ancora stati selezionati i dati di accesso.

i.   Nell'elenco a discesa **Credenziali**, dove attualmente è scritto **Nessuno**, scegliere le credenziali appena configurate.

j.   Dopo aver aggiunto l'URL e le credenziali corrette, Jenkins verifica l'accesso al repository. Non si dovrebbe ricevere un messaggio di errore. In caso contrario, controllare l'URL e le credenziali, che dovranno essere **aggiunte** di nuovo.

perché a questo punto non c'è modo di cancellare quelli già presenti.

k.   Nella parte superiore della finestra di configurazione di **BuildAppJob**, fare clic sulla scheda **Build**.

l.   Nell'elenco a discesa **Aggiungi passo di creazione**, scegliere **Esegui shell**.

m. Nel campo **Comando**, inserire il comando che si sta utilizzando per eseguire lo script di compilazione di sample-app.sh.

bash./sample-app.sh

n. Fate clic sul pulsante **Salva** per tornare alla dashboard di Jenkins con il **BuildAppJob** selezionato.

Passo 3. Dite a Jenkins di costruire l'applicazione.

Sul lato sinistro, fare clic su **Build Now** per avviare il lavoro. Jenkins scaricherà il repository Git ed eseguirà il comando di compilazione **bash ./sample-app.sh**. La compilazione dovrebbe andare a buon fine perché non è stato modificato nulla nel codice dalla parte 3, quando è stato modificato il codice.

Passo 4. Accedere ai dettagli costruttivi.

A sinistra, nella sezione **Cronologia build**, fate clic sul numero di build, che dovrebbe essere **il numero 1**, a meno che non abbiate creato l'applicazione più volte.

Passo 5. Visualizzare l'output della console.

A sinistra, fate clic su **Console Output**.Dovreste vedere un risultato simile al seguente.Notate i messaggi di successo in basso e l'output del comando **docker ps - a**.Sono in esecuzione due container docker: uno per l'applicazione di campionamento in esecuzione sulla porta locale 5050 e uno per Jenkins sulla porta locale 8080.

```
Iniziato dall'utente admin
Esecuzione come SISTEMA
Costruire nello spazio di lavoro /var/jenkins_home/workspace/BuildAppJob
utilizzando la credenziale 0cf684ea-48a1-4e8b-ba24-b2fa1c5aa3df
Clonazione del repository Git remoto
Clonazione del repository https://github.com/github-user/sample-app
>    git init /var/jenkins_home/workspace/BuildAppJob # timeout=10
Recuperare le modifiche upstream da https://github.com/github-user/sample-app
>    git -versione # timeout=10
usare GIT_ASKPASS per impostare le credenziali
>    git fetch -tags -progress - https://github.com/github-user/sample-app +refs/heads/*:refs/remotes/origin/* # timeout=10
>    git config remote.origin.url https://github.com/github-user/sample-app # timeout=10
>    git config -add remote.origin.fetch +refs/heads/*:refs/remotes/origin/* # timeout=10
>    git config remote.origin.url https://github.com/github-user/sample-app # timeout=10
Recuperare le modifiche upstream da https://github.com/github-user/sample-app
usare GIT_ASKPASS per impostare le credenziali
>    git fetch -tags -progress - https://github.com/github-user/sample-app +refs/heads/*:refs/remotes/origin/* # timeout=10
>    ^git rev-parse refs/remotes/origin/master {commit} # timeout=10
>    ^git rev-parse refs/remotes/origin/origin/master {commit} # timeout=10
Controllo della revisione 230ca953ce83b5d6bdb8f99f11829e3a963028bf (refs/remotes/origin/master)
>    git config core.sparsecheckout # timeout=10
>    git checkout -f 230ca953ce83b5d6bdb8f99f11829e3a963028bf # timeout=10
Messaggio di impegno: "Modificato il numero di porta da 8080 a 5050".
>    git rev-list -no-walk 230ca953ce83b5d6bdb8f99f11829e3a963028bf # timeout=10
[BuildAppJob] $ /bin/sh -xe /tmp/jenkins1084219378602319752.sh
+ bash./sample-app.sh
Invio del contesto di compilazione al demone Docker 6.144kB
Passo 1/7 : DA python
-    --> 4f7cd4269fa9
Passo 2/7: ESEGUIRE pip install flask
-    --> Utilizzo della cache
-    --> 57a74c0dff93
Passo 3/7: COPIA ./static /home/myapp/static/
-    --> Utilizzo della cache
```

- --> aee4eb712490

Passo 4/7: COPIA ./templates /home/myapp/templates/
- --> Utilizzo della cache
- --> 594cdc822490

Passo 5/7 : COPIARE sample_app.py /home/myapp/
- --> Utilizzo della cache
- --> a001df90cf0c

Fase 6/7 : ESPOSIZIONE 5050
- --> Utilizzo della cache
- --> eae896e0a98c

Passo 7/7: CMD python3 /home/myapp/sample_app.py
---> Utilizzo della cache
---> 272c61fddb45
Costruito con successo 272c61fddb45
Taggato con successo sampleapp:latest
9c8594e62079c069baf9a88a75c13c8c55a3aeaddde6fd6ef54010953c2d3fbb
CONTAINER ID IMMAGINE COMANDO CREATO STATO PORTE NOMI
9c8594e62079 sampleapp "/bin/sh -c 'python ..." Meno di un secondo fa Su Meno di un secondo 0.0.0.0:5050- >5050/tcp
samplerunning
e25f233f9363 jenkins/jenkins:lts "/sbin/tini -- /usr/." 29 minuti fa Su 29 minuti 0.0.0.0:8080->8080/tcp, 50000/tcp
jenkins_server
Finito: SUCCESSO

Passo 6. Aprite un'altra scheda del browser web e verificate che l'applicazione campione sia in esecuzione.

Inserite l'indirizzo locale, **localhost: 5050.**Dovreste vedere il contenuto del vostro index.html affichd in colore di sfondo blu acciaio chiaro con **You are calling me from 172.17.0.1** affichd as H1.

Parte 5. Usare Jenkins per testare una build

In questa parte, si creerà un secondo task per testare la costruzione e assicurarsi che funzioni correttamente.

Nota: è necessario arrestare ed eliminare il contenitore docker **samplerunning.**

devasc@labvm:~/labs/devnet-src/jenkins/sample-app$ **docker stop samplerunning** samplerunning

devasc@labvm:~/labs/devnet-src/jenkins/sample-app$ **docker stop samplerunning** samplerunning

Passo 1. Avviare un nuovo task per testare l'applicazione di esempio.

o. Tornare alla scheda del browser web Jenkins e fare clic sul link **Jenkins** nell'angolo in alto a sinistra per tornare alla dashboard principale.

p. Fare clic sul link **Nuovo elemento** per creare un nuovo lavoro.

q. Nel campo Inserire un nome, inserire il nome **TestAppJob.**

r. Fare clic su **Progetto freestyle** come tipo di lavoro.

s. Scorrere fino in fondo e fare clic su **OK.**

Passo 2. Configurare il TestAppJob di Jenkins.

t. Aggiungete una descrizione del vostro lavoro, ad esempio: "Il mio primo test Jenkins".

u. Lasciare la gestione del codice sorgente impostata su **Nessuno.**

v. Fate clic sulla scheda **Trigger di compilazione** e spuntate la casella **Costruisci dopo la compilazione di altri progetti.** Per **Progetti da controllare,** inserite il nome **BuildAppJob.**

Passo 3. Scrivere lo script di test che deve essere eseguito dopo una versione stabile di BuildAppJob.

w. Fare clic sulla scheda **Costruisci.**

x. Fare clic su **Aggiungi passo di costruzione** e scegliere **Esegui shell.**

y. Il comando **if** deve essere su una singola riga, compreso il **;** **then**.Questo comando esegue **il grep** dell'output restituito dal comando cURL per vedere se **mi chiami da 172.17.0.1**.Se è vero, lo script esce con un codice 0, il che significa che non ci sono errori nel **BuildAppJob**.Se è falso, lo script esce con un codice 1, il che significa che il **BuildAppJob** non è riuscito.

```
se curl http://172.17.0.1:5050/ | grep "Mi stai chiamando da 172.17.0.1"; quindi
uscita 0
altro
uscita 1
fi
```

z. Fare clic su **Salva**, quindi sul link **Torna alla dashboard** sul lato sinistro.

Passo 4. Dire a Jenkins di eseguire nuovamente il BuildAppJob.

aa. Aggiornare la pagina web utilizzando il pulsante di aggiornamento del browser.

bb. Per il **BuildAppJob**, fate clic sul pulsante di costruzione all'estrema destra (un orologio con una freccia).

Fase 5. Controllare che entrambe le macchie siano complete.

Se tutto va bene, si dovrebbe vedere il timestamp dell'aggiornamento nella colonna **Ultimo successo** per **BuildAppJob** e **TestAppJob**. Ciò significa che il codice per i due task è stato eseguito senza errori, ma si può anche verificare da soli.

Nota: se i timestamp non vengono aggiornati, accertarsi che l'aggiornamento automatico sia abilitato facendo clic sul link in alto a destra.

cc. Fate clic sul collegamento **TestAppJob**.Sotto **Permaliens**, fate clic sul collegamento corrispondente alla vostra ultima versione, quindi fate clic su **Console Output**.Dovreste vedere un risultato simile al seguente:

Avviato dal progetto upstream "BuildAppJob" numero di build 13

causa originariamente da:

```
Iniziato dall'utente admin
Esecuzione come SISTEMA
Costruire nello spazio di lavoro /var/jenkins_home/workspace/TestAppJob
[TestAppJob] $ /bin/sh -xe /tmp/jenkins1658055689664198619.sh
+ grep Mi stai chiamando da 172.17.0.1
+ ricciolo http://172.17.0.1:5050/
% Totale % Ricevuto % Trasferito Velocità media Tempo Tempo Tempo Corrente
Dload Upload Totale speso Velocità sinistra
0 0 0 0 0 0 0 --:--:-- --:--:-- --:--:-- 0
100 177 100 177 0 0 29772 0 --:--:-- --:--:-- --:--:-- 35400
<h1>Mi stai chiamando da 172.17.0.1</h1>
+ uscita 0
Finito: SUCCESSO
```

dd. Non è necessario verificare che l'applicazione di esempio sia in esecuzione, poiché **TestAppJob** lo ha già fatto per voi, ma potete aprire una scheda del browser per **172.17.0. 1:5050** per verificare che sia in esecuzione.

Parte 6. Creare una pipeline in Jenkins

Anche se attualmente è possibile eseguire entrambe le attività semplicemente facendo clic sul pulsante Crea ora per **BuildAppJob**, i progetti di sviluppo software sono in genere molto più complessi e possono trarre grandi vantaggi dalle build automatizzate per l'integrazione continua delle modifiche al codice e la creazione continua di build di sviluppo pronte per la distribuzione.Una pipeline può essere automatizzata per essere eseguita in base a una serie di trigger, tra cui periodicamente, in base a un sondaggio GitHub per le modifiche o da uno script eseguito in remoto. Tuttavia, in questa parte, scriverete una pipeline in Jenkins per eseguire le vostre due applicazioni ogni volta che fate clic sul pulsante Pipeline **Build Now**.

Passo 1. Creare un lavoro Pipeline.

+ Fare clic sul link **Jenkins** in alto a sinistra, quindi su **Nuovo elemento**.

+- Nel campo **Inserire il nome dell'elemento**, digitare **SamplePipeline**.

4 Selezionare **Pipeline** come tipo di lavoro.

+- Scorrere fino in fondo e fare clic su **OK**.

Passo 2. Configurare il lavoro SamplePipeline.

J15 In alto, fate clic sulle schede ed esaminate ogni sezione della pagina di configurazione. Notate che ci sono diverse modalità di dëclenching di una build: per il lavoro **SamplePipeline**, lo declencheremo manualmente.

+ Nella sezione **Pipeline**, aggiungere il seguente script.

```
nodo {
stage('Preparazione') {
catchError(buildResult: 'SUCCESS') {
sh 'docker stop samplerunning'
sh 'docker rm samplerunning'
}
}
stage ('Build') {
costruire 'BuildAppJob'
}
stage('Risultati') {
creare 'TestAppJob
}
J
```

Questo script esegue le seguenti operazioni:

Le configurazioni distribuite o multi-nodo sono destinate a pipeline più grandi di quella che si sta costruendo in questo laboratorio e vanno oltre lo scopo di questo corso.

o Nella fase di **preparazione**, **SamplePipeline** verificherà innanzitutto che tutte le istanze precedenti del contenitore docker **BuildAppJob** siano state fermate e cancellate, ma se non c'è ancora alcun contenitore in esecuzione, si otterrà un errore. Pertanto, si utilizza la funzione **catchError** per catturare gli errori e restituire un valore "SUCCESS", per garantire che la pipeline passi alla fase successiva.

o Nella fase di **compilazione**, **SamplePipeline** costruirà il **BuildAppJob**.

o Nella fase dei **risultati**, **SamplePipeline** costruirà il **TestAppJob**.

Fare clic su **Salva** per tornare alla dashboard di Jenkins per il task **SamplePipeline**.

Passo 3. Eseguire SamplePipeline.

Se lo script della pipeline è stato codificato senza errori, la **vista Stage** dovrebbe visualizzare tre aree verdi con il numero di secondi impiegati per la creazione di ciascun passo. In caso contrario, fare clic su Configura a sinistra per tornare alla configurazione di **SamplePipeline** e verificare lo script della pipeline.

Passo 4. Controllare l'output di SamplePipeline.

Fare clic sul collegamento alla build più recente sotto **Permaliens**, quindi fare clic su **Console Output**. Si dovrebbe vedere un risultato simile al seguente:

Iniziato dall'utente admin
Esecuzione nel livello di durata: MAX_SURVIVABILITY

```
[Inizio del gasdotto
Nodo [Pipeline]
Esecuzione su Jenkins in /var/jenkins_home/workspace/SamplePipeline
{\an8}(*)
Fase [Pipeline]
[Condotta] { (Preparazione)
[Pipeline] catchError
{\an8}(*)
[Condotte] sh
+ docker stop samplerunning
samplerunning
[Condotte] sh
+ docker rm samplerunning
samplerunning
[Tubi] }
[Pipeline] // catchError
[Tubi] }
[Condotta] // stage
Fase [Pipeline]
[Condotte] {(Build)
[Pipeline] build (BuildAppJob)
Progetto di pianificazione: BuildAppJob
Avvio della costruzione: BuildAppJob #15
[Tubi] }
[Condotta] // stage
Fase [Pipeline]
[Pipeline] { (Risultati)
[Pipeline] build (costruzione di TestAppJob)
Progetto di pianificazione: TestAppJob
Avvio della costruzione: TestAppJob #18
```

Workshop 5. Progetto Maven con Jenkins

Introduzione

L'obiettivo di un progetto Maven con Jenkins è quello di impostare l'integrazione continua
(CI) per automatizzare il processo di costruzione, test e distribuzione di un'applicazione.
Maven viene utilizzato come strumento di gestione del progetto e di compilazione, mentre
Jenkins orchestra le fasi di integrazione continua.

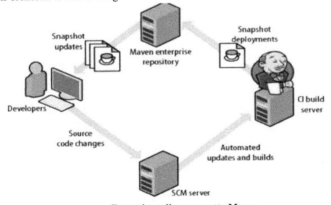

Esecuzione di un progetto Maven -

Manipolazione

Passo 1: Clonare il contenuto del progetto con il comando git clone https: //github.

49

com/AbirKaldi/maven-proj ect

Spostare il contenuto su github.

Passo 2: installare maven su jenkins con il comando: docker exec -it jenkins_server apt-get install maven

Passo 3: Avviare Jenkins su http://localhost: 8080
Passo 4: creare un lavoro con un nome di tipo Maven_Pipeline

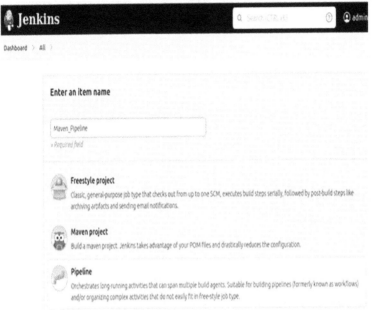

Passo 5. Specificare 1 URL github

Passo 6. Creare lo script della pipeline

```
pipeline {
    agent any

    stages {
        stage('Clean') {
            steps {
                sh 'mvn clean'
            }
        }
        stage('Compile') {
            steps {
                sh 'mvn compile'
            }
        }
        stage('Test') {
            steps {
                sh 'mvn test'
            }
        }
        stage('Package') {
            steps {
                sh 'mvn package'
            }
        }

    }
}
```

Passo 7. Avviare la pipeline con "Build now

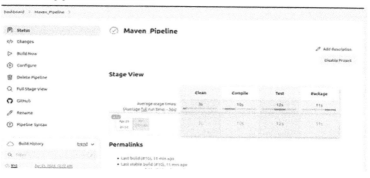

Workshop 6. Cluster Jenkins

Introduzione

Un cluster Jenkins è un'architettura in cui più istanze di Jenkins (chiamate newel) sono configurate per lavorare insieme, al fine di distribuire le attività di build, test e dëploiement su più macchine. Questo aiuta a migliorare le prestazioni, a gestire carichi di lavoro pesanti e a garantire l'alta disponibilità delle pipeline di intëgration continua.

Ecco i componenti principali di un cluster Jenkins:

1. Jenkins Master (o controller): È l'istanza principale di Jenkins che si occupa della pianificazione delle attività, del monitoraggio dello stato delle build, della distribuzione dei lavori ai newel (agenti) slave e dell'interfaccia utente. In genere, il master non dovrebbe eseguire le build, ma concentrarsi sull'orchestrazione.

2. Agenti Jenkins (o slave): Sono le macchine, virtuali o fisiche, che eseguono le build e i test. Gli agenti sono controllati dal master e ricevono i compiti da eseguire. In questo modo è possibile parallelizzare il processo di compilazione e distribuire il carico su più newel.

3. Comunicazione tra master e agenti: Il master e gli agenti comunicano tramite protocolli come SSH o JNLP (Java Network Launch Protocol). Jenkins invia i task agli agenti e rëcupëre i risultati una volta che i task sono stati eseguiti.

Vantaggi di un cluster Jenkins :

4. Scalabilità: consente di aggiungere facilmente newel per gestire più build simultanee.

5. Parallelismo: diverse build possono essere eseguite in parallelo, riducendo il tempo necessario per convalidare le modifiche al codice.

6. Resilienza: se un agente si guasta, gli altri nodi continuano a lavorare, garantendo una maggiore disponibilità.

7. Isolamento dell'ambiente: Ogni agente può avere il proprio ambiente, consentendo di testare e costruire i progetti in ambienti diversi (ad esempio, versioni diverse di Java o sistemi operativi).

Un cluster Jenkins è particolarmente utile per progetti su larga scala che richiedono processi CI/CD complessi e intensivi.

Manipolazione

Passo 1. Clonare il seguente deposito:

git clone https://github.com/AbirKaldi/jenkinsCluster

Passo 2. Andare alla cartella JenkinsCluster e lanciare il cluster Jenkins con il comando :

```
docker-compose --profile maven up -d
```

Passo 3. Verificare che i contenitori Jenkins siano stati lanciati con il comando :

```
docker ps
```

Passo 4. Riprendere l'avvio della pipeline lab3 sul cluster Jenkins.

Passo 5. Avviare la creazione della pipeline e verificarne il successo.

Passo 6. Ora fermate il contenitore desktop-jenkins_agent-1-maven con il comando :

```
docker stop desktop-jenkins_agent-1-maven
```

Passo 6. Rilanciare la pipeline e interpretare il risultato.

Riflessioni conclusive

Questo libro è stato progettato per fornire una comprensione completa e pratica di DevOps, dai suoi concetti fondamentali alla sua integrazione in ambienti complessi. Attraverso spiegazioni teoriche e workshop pratici, abbiamo esplorato gli strumenti, i metodi e le tecnologie che rendono DevOps un approccio essenziale nel mondo dell'ingegneria del software moderna. DevOps non riguarda solo strumenti o pratiche specifiche: è una cultura che mira ad abbattere i silos tra i team di sviluppo e operativi per incoraggiare la collaborazione, l'innovazione e la consegna rapida e continua di software di qualità. Al di là degli aspetti tecnici, questo libro ha anche evidenziato l'importanza dell'interazione umana e dell'adattamento al feedback per garantire il successo dei vostri progetti. Mentre continuate il vostro viaggio nel mondo di DevOps, ricordate che l'apprendimento e il miglioramento sono costanti. Le tecnologie si evolvono rapidamente, ma i principi fondamentali della collaborazione, dell'automazione e della reattività alle esigenze del mercato rimangono pilastri essenziali. Ci auguriamo che questo libro vi abbia fornito le chiavi non solo per padroneggiare gli strumenti, ma anche per adottare la mentalità DevOps nel vostro lavoro quotidiano. L'avventura non finisce qui: continuate a esplorare, testare e innovare le vostre pratiche DevOps per costruire il futuro dei sistemi informativi.

RIFERIMENTI

1. Gene Kim, Jez Humble, Patrick Debois, John Willis - The DevOps Handbook: How to Create World-Class Agility, Reliability, & Security in Technology Organizations (IT Revolution Press, 2016).
2. Emily Freeman- DevOps for Dummies (For Dummies, 2020).
3. Marc Hornbeek - Engineering DevOps: Building World-Class Continuous Delivery Capabilities (Pearson, 2020).
4. Helen Beal - Accelerating DevOps: Transforming IT Operations (Apress, 2021).
5. Jez Humble, David Farley - Continuous Delivery: Reliable Software Releases through Build, Test, and Deployment Automation (Addison- Wesley, 2010).
6. Viktor Farcic - The DevOps 2.3 Toolkit: Kubernetes (Leanpub, 2020).
7. Kief Morris - Infrastructure as Code: Managing Servers in the Cloud (O'Reilly Media, 2020).
8. Stephen Fleming - DevOps: 2 libri in 1 - DevOps per principianti e DevOps Handbook (pubblicazione indipendente, 2020).
9. Sander Rossel - Integrazione, consegna e distribuzione continue (Packt Publishing, 2017).
10. Kim W. Ayers - Effective DevOps with AWS: Building a Scalable and Efficient Cloud Infrastructure (Packt Publishing, 2021).
11. Viktor Farcic - Il kit di strumenti DevOps 2.0: Automating the Continuous Deployment Pipeline with Containerized Microservices (Leanpub, 2016).
12. Ben Straub, Scott Chacon - Pro Git (Apress, 2014).
13. Nathen Harvey, Michael Cote - Chef: The DevOps Workflow (O'Reilly Media, 2017).
14. John Ferguson Smart - BDD in Action: Behavior-Driven Development for the Whole Software Lifecycle (Manning Publications, 2014).
15. Adam Hawkins - DevOps Handbook: Introduzione a DevOps e come iniziare con DevOps (pubblicazione indipendente, 2022).
16. Sam Newman - Building Microservices: Designing Fine-Grained Systems* (O'Reilly Media, 2021).
17. Michael Huttermann - DevOps per sviluppatori: integrazione, consegna e distribuzione continue (Apress, 2021).
18. Sean P. Kane, Karl Matthias - Docker: Up & Running: Shipping Reliable Containers in Production (O'Reilly Media, 2020).

9 786208 212568